경희대학교 아프리카연구소 역사총서 16

가나의 역사

이한규 저

이한규는 한양대학교 정치외교학과를 졸업하고 프랑스 파리 2대학에서 정치학 석사학위, 파리 10대학에서 아프리카를 주제로 정치학 박사학위를 받았다. 전 한국 외국어대학 아프리카 연구소 교수를 역임했으며, 현재 아프리카지식공유연구소(개인연구소) 소장으로 있다.

논문으로는 「만델라의 정치적 리더십에 대한 고찰」(2012), 「아프리카 도시 근교의 공간과 정체성에 대한 연구」(2018), 「한국의 마그레브 연구 동향」(2020)외 다수. 저서로는 『세네갈 레부 사람들의 전통 공간(2013)』, 『설렘으로 경험한 아프리카』(2019)(공저), 알제리의 역사(2023) 외 다수

※ 이 저서는 2021년 대한민국 교육부와 한국연구재단의 지원을 받아 수행된 연구임 (NRF-2021S1A5C2A02086919)

서 / 문

가나 지도 ©
아프리카지식공유연구소

가나(Ghana)는 1957년 3월 6일 사하라 이남 아프리카 국가 중 제일 먼저 유럽(영국)의 식민 지배에서 독립한 국가다. 가나의 공식 명칭은 가나 공화국(Republic of Ghana)이며 13세기에 멸망한 가나제국과는 역사적, 문화적, 사회적 관계는 미미하다. 가나의 초대 대통령 콰메 은크루마(Kwame Nkrumah)는 1957년 3월 6일 독립과 동시에 고대 가나제국의 역사적 중요성을 반영하고, 국가적 정체성을 확립하기 위해 식민지 국명인 '골드코스트(Gold Coste)'를 버리고 '가나'를 공식 채택했다.

가나 인구는 약 3천3백만 명으로 2억 2천만 명의 나이지리아에 이어 서아프리카에서 두 번째로 인구가 많다. 서아프리카 16개국 중 8번째로 큰 나라이며 면적은 238,540㎢로 영국보다 약간 크다. 동쪽으로는 토고, 서쪽으로는 코트디부아르, 북쪽으로는 부르키나파소와 국경을 마주하고 있으며 남쪽 해안은 기니만(Golfe de Guinée)과 연결된다. 국토의 절반은 해발 152m 미만이며, 가장 높은 지점은 883m다. 537km의 해안선은 대부분 평야와 관목이 있는 낮은 모래 해안이며 여러 강과 개울이 교차한다. 가나의 대부분 강은 카누로만 항해할 수 있다. 가나에서 가장 큰 강은 볼타(Volta)강으로 주요 지류는 블랙(Black Volta), 화이트(White Volta), 레드(Red Volta)로 코트디부아르나 부르키나파소의 이웃 국가에서 시작된다. 8,520㎢ 면적의 볼타 석호는 약 360㎞ 이상 뻗어 있으며, 가나 면적의 약 6분의 1을 차지한다.

가나 국민은 각각 고유한 언어와 방언을 사용하는 100개 이상의 민족으로 구성되어 있다. 영어는 영국 식민지 시대로부터 물려받은 공식 언어지만, 아칸(Akan) 민족의 언어 트위어(Twi)가 대도시에서 가장 널리 사용되는 토착어다. 정부는 전국에 걸쳐 9개 토착 언어만을 인정하고 있다.

가나는 사하라 이남 아프리카 국가에서 일어난 대규모의 파괴적인 내전이나 폭동을 경험하지 않았지만, 1966년 첫 쿠데타 이후 2000년까지 군부가 총 5번 집권했다. 가나 국민은 2000년까지 약 30년 동안(1991년~2000년 군 출신 롤링스 민선 정부 포함) 군정을 경험했다. 그럼에도 2000년 이후 서아프리카에서 가장 안정된 국가로 평가받고 있다. 20년의 장기 집권자 롤링스(Jerry John Rawlings)는 임기 중 대통령 출마를 2번으로 제한하는 헌법을 개정했다. 이에 따라 은크루마 정부가 쿠데타로 전복된 이후, 35년 만에 민주주의 보통선거로 선출된 민선 정부(민간 출신 대통령)가 2001년 1월 7일 들어섰다. 이후 현재까지 가나 대통령이 2번 이상 연임하지 않는 원활한 권력 이양 문화를 선도하고 있다. 2001년부터 현재 2025년까지 24년 동안 가나 역사상, 군부의 간섭 없이 이렇게 오랫동안 문민 통치가 이루어진 적이 없다. 이는 민주주의 문화가 성장하면서 제도적 수단을 통해 내부 갈등을 처리할 수 있는 능력이 생겨났음을 의미한다.

가나 역사를 집필하면서 여러 문헌과 인터넷 자료를 수집·통합·비교·분류 과정을 걸쳐 세심하게 다루려고 노력했다. 그러나 여러 가지 부족한 점이 많다. 하지만 독자들의 비판적인 시각으로 더 나은 가나 역사책이 집필되기를 희망해 본다.

차 례

제1장 가나 사람들 ················· 7
1. 몰-다그바니 민족 ················· 9
2. 구안 민족 ················· 12
3. 아칸 민족 ················· 13
4. 에웨 민족 ················· 15
5. 가-아당베 민족 ················· 17

제2장 아샨티 제국 시대 ················· 19
1. 아샨티 기원 ················· 19
2. 아샨티 제국의 탄생 ················· 20
3. 아샨티 정치·사회와 문화 ················· 29

제3장 유럽인의 침입과 노예무역 ················· 35
1. 엘로라도 가나 ················· 35
2. 노예무역의 성지 ················· 38

제4장 영국의 식민 지배와
　　　 골드코스트 민족주의 운동 ················· 41
1. 영국의 식민정책 ················· 41

2. 골드코스트 민족주의 운동 ············· 52

제5장 서아프리카의 최초 독립 국가 ············· 70
1. 콰메 은크루마와 독재 시대 ············· 70
2. 범아프리카주의 ············· 76

제6장 혼돈의 13년 ············· 81
1. 최초 군정과 제2공화국 ············· 81
2. 다시 시작하는 문민정부 ············· 84
3. 재발한 군 쿠데타 ············· 88
4. 아쿠포의 궁전 쿠데타 ············· 93
5. 군에 의한 군정의 전복과
   단명한 민간 정부, 제3공화국 ············· 95

제7장 롤링스의 2차 쿠데타와 제4공화국 ············· 99
1. 롤링스 군정의 장기 집권 ············· 99
2. 롤링스 민선 정부와 제4공화국 ············· 106
3. 롤링스 2기 정부와 민주화 ············· 110

제8장. 새로운 민선 정부 시대 ············· 114
1. 존 쿠푸오르의 첫 야당 민선 정부 탄생 ········ 114
2. 롤링스 후계자, 존 아타 밀스의 정부 ············· 120
3. 독립 이후 세대, 존 드라마니 마하마 정부 ····· 125

가나 연표 ·· 131
참고 문헌 ·· 139

제1장 가나 사람들

현재 가나 사람들의 기원은 기록된 자료가 부족하여 고고학, 구전 전통, 민족지학, 언어학을 중심으로 여러 가설에 의존한다. 일부는 기원전 50,000년경으로 거슬러 올라가는 상당히 긴 선사시대에 가나 조상들이 살았을 것으로 추정한다. 가나 고고학 연구의 일반적 결론은 암석과 동굴 은신처에서 발견한 유물 및 화석화된 숯의 분석을 통해 기원전 10,000년 경에 식물 수집 및 야생 동물을 사냥하고 가공된 석기 기술을 가진 유목민이 살았을 것이다. 이 시기에 가나 중부의 킴탐포(Kintampo), 반다(Banda), 부르비니(Burbini), 은테레소(Ntereso) 등에서는 돌과 뼈 구슬, 미세석기 화살촉, 뼈 작살, 빗 장식이 새겨진 점토 그릇 등이 발견되었다.

거석문화 도자기
© curriculumresources.edu.gh

이후 소, 양, 염소가 사육되었고, 완두콩, 기름 야자수, 얌과 같은 식용 식물이 재배되었다. 서기 2~4세기에 철기 기술이 도입되면서 남쪽의 열대 우림 지대의 울창한 초목은 경작하기가 더 쉬웠을 것이다. 역사학자 로저 고킹(Roger Gocking)에 따르면 이 지역에서 철광석과 연료용 목재가 흔하게 발견되었고

철 제련 산업이 활성화되었다고 한다. 그 결과 중앙 집권 국가가 처음 발전한 곳이기도 하다.

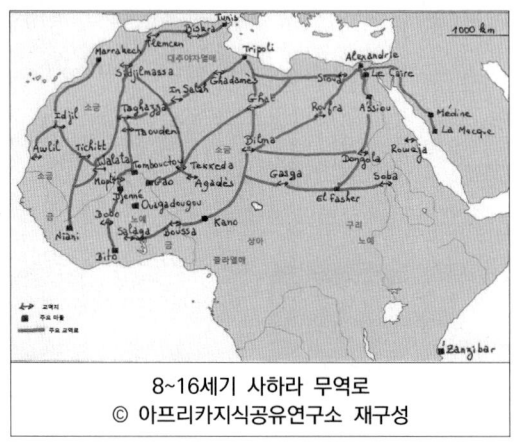

8~16세기 사하라 무역로
© 아프리카지식공유연구소 재구성

구전 역사와 기타 출처에 따르면 가나에 현재와 같은 다양한 민족이 거주한 시기는 서기 약 10세기 이후다. 금, 소금, 상아가 많은 현재 가나 북부 및 남부 산림 지역과의 접촉이 왕성하게 일어나면서 현재의 대부분 가나인은 북에서 내려오거나 남부 해안을 따라 이주한 후손들이다. 이들은 원주민의 문화와 언어를 빠르게 습득하며 동화되었다.

5세기~13세기의 가나제국과 이를 이은 15~16세기 송가이 제국(Songhai Empire)은 금, 상아, 소금 등 사하라 장거리 교역의 중심지였다. 그러나 이 지역에서 여러 제국과 왕국들이 형성되고 해체되는 과정에서 무역과 함께 이주 또한 활발히 일어났다. 이주 원인은 크게 네 가지다. 첫째는 느슨해진 중앙 권력의 속박으로부터 탈출, 둘째는 사하라 사막의 장기간 건조와 기근, 셋째는 인구 포화, 넷째는 유럽에서의 금에 대한 수요 증가와 새로운 금 무역 등이다. 특히 당시 사하라 무역의 주요 상품인 금을 찾아 이주한 이들은 현재 가나 여러 곳에 왕국을 세우고 주변 지역과 소금 및 금 무역으로 세력을 확장했다. 이들 중 일부는 왕의 계승을 둘러싼 갈등 또는 패권 싸움을 피해 다른 곳으로 이주하며 자신들의 새 왕국을 세웠다. 특히 15세기부터 유럽인들이 서아프리카 해안에 도착하고 교역의 중요성이 커지면서 일대 변화가 일어났다. 사하라 사막을 가로질러 북쪽으로 이동하던 무역은 점점 더 남쪽으로 내려갔다.

가나 민족 그룹의 기원은 신화와 구전 전통, 언어와 문화를 기준으로 분류되었으며 대표적인 주요 민족 집단으로는 아칸(Akan), 에웨(Ewe), 구안(Guan), 가-아당베(Ga-Adangbe) 그리고 북부의 몰-다그바니(Mole-Dagbani) 등이 있다.

1. 몰-다그바니(Mole Dagbani) 민족

몰-다그바니 민족(마비아[Mabia] 혹은 모시-다그본[Mossi-Dagbon])은 가나에서 두 번째로 큰 민족으로 전체 인구의 약 16%를 차지한다. 가나제국(와가두, Wagadou)에 정착했으나 13세기 제국이 멸망하자 나이지리아 잠파라(Zamfara)에 정착했다. 이후 지금의 가나 북부로 이동하여 푸시가(Pusiga)에 첫 정착지를 건설했다.

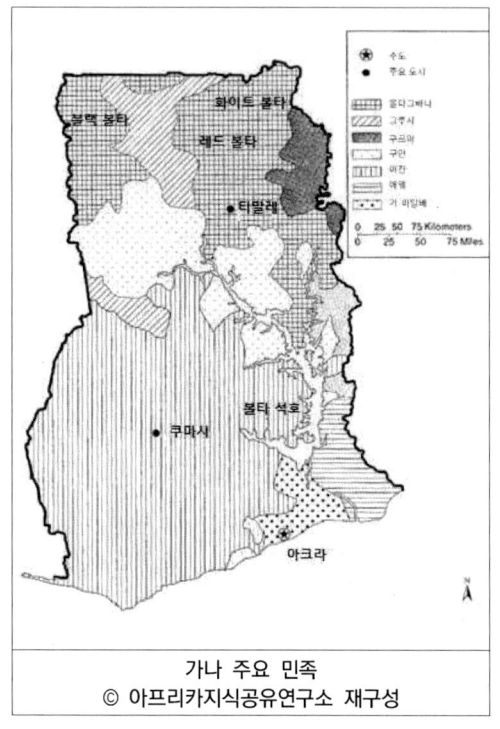

가나 주요 민족
© 아프리카지식공유연구소 재구성

일부는 부르키나파소와 토고로 이주했다. 이들은 지역 세력과의 무역 전쟁으로 성장하며 북부 지역 대부분을 차지했다. 몰-다그바니의 하위 민족 그룹으로는 모시(Mossi), 나눔바(Nanumba), 맘프루시(Mamprusi), 다곰바(Dagomba), 곤자(Gonja) 등이 있다.

가나 북서부의 곤자족은 니제르-콩고 어족(Niger-Congo

languages)에 속하는 구르(Gur)어를 사용하지만, 만데(Mande)어를 사용하는 부산가(Busanga) 민족을 제외하고 다른 몰-다그바니 민족은 구르어 또는 볼타(volta)어를 사용한다. 수 세기 동안 이들이 거주한 지역은 정복, 확장, 남북 및 동서 무역에 종사하는 다양한 민족의 이동 현장이다. 이러한 이유로 정치 및 사회 구조는 다르지만, 통치 집단은 여전히 자신의 정체성과 문화적, 언어적 특이성을 일부 유지하면서 지역 언어를 사용했다.

이들은 양, 소, 닭, 염소 등의 가축을 키우면서 주로 농업에 종사했다. 부계사회를 유지한 몰-다그바니 민족은 대부분 무슬림이다. 이들은 각각 독특한 추장제와 전통을 가진 독립 왕국을 세웠으며 조상의 유산을 존중하고 지역 사회에서 강력한 문화적 유대감을 유지했다. 이들은 화이트 볼타 계곡의 주변 영토를 정복하고 전략적 도시인 베고(Begho)를 통해 아칸 왕국과 수익성 높은 금 무역으로 성장했다. 하지만 왕위 계승을 둘러싼 갈등으로 왕권이 허약해져 18세기 중반 아샨티 제국(Asanteman)의 가신이 되었다. 하지만 아샨티 제국이 영국에 의해 패망하면서 몰-다그바니 민족은 해방된다.

현재 몰-다그바니 민족은 가나를 비롯한 서아프리카 5개국(베냉, 부르키나파소, 코트디부아르, 말리, 토고)에 분포되어 있다.

2. 구안(Guan) 민족

구전 전통에 따르면 구안 민족은 1000년경 말리제국의 만데(모시 Mossi, 현재 부르키나파소 지역) 지방에서 생존의 위협으로 볼타 계곡을 따라 점진적으로 남쪽으로 이동하면서 블랙 볼타 강과 협곡, 아프람(Afram) 평원, 아크와핌(Akwapim) 지역에 정착했다. 현재 가나 지역에 가장 최초로 정착한 민족으로 알려져 있으며 은코냐(Nkonya), 곤자(Gonja), 아눔(Anum), 라르테(Larteh), 나우리(Nawuri), 은춤부루(Ntsumburu) 등 28개 하위 민족 그룹이 있다. 니제르-콩고어족에 속하는 구안어를 사용하는 이들은 여러 지역에서 발견된다. 전통에 따르면, 나중에 아칸 민족, 에웨 민족, 가-아당베 민족과 같은 다른 집단이 구안 민족이 정착한 지역으로 이주하면서 블랙 볼타 강을 따라서 구안 어를 사용하는 지역이 확장되었을 것이다. 구안 민족은 다양한 지역의 주요 민족 문화에 동화되어 여러 곳에 흩어져 정착했다.

구안 민족의 하위 집단인 북쪽의 곤자 민족은 만데 왕가에 의해 지배를 받았지만, 블랙 볼타 강 지역에 1675년 중앙집권적인 곤자 왕국을 건설하였다. 일부 무슬림은 서기관과 상인으로서 특별한 지위를 차지했다. 곤자 왕국은 18세기에 확장 중인 아샨티 제국에 의해 멸망한다. 영국이 아샨티 제국을 함락하자 곤자 민족 지역은 영국 북부 준주의 일부가 되었다. 곤자 민족은 다양한 종류의 기장과 옥수수를 재배했지만, 장거리 무역으로 성장했다.

이 민족은 현재 가나 인구의 약 3.7%를 차지하며 이웃 국가 토고, 베냉, 코트디부아르에 일부가 거주하고 있다.

3. 아칸(Akan) 민족

가나에서 가장 큰 민족 집단인 아칸은 가나의 삼림과 사바나 지역에 분포되어 있으며 현재 전체 인구의 약 50%를 차지한다. 아칸 민족의 기원에 대해서는 여러 학설이 있지만 명확하지는 않다. 가나 역사학자 단콰(J. B. Danquah)에 의하면 고대 이집트까지 거슬러 올라가거나 메소포타미아의 티그리스와 유프라테스까지 올라간다. 다른 하나는 중동, 마그레브, 가나제국 혹은 말리제국과 연결한다. 또한, 가나 역사학자 보아헨(Adu Boahen)은 구전 및 언어를 증거로 차드-베누에(Chad-Benue)에서 유래한 것으로 본다. 이 세 가지의 유래에 대한 공통점은 아칸 민족이 북부 지역에서 가나로 이주한 것이 분명해 보인다. 아칸 민족은 주로 가나와 코트디부아르에 거주하였지만, 토고와 베냉에서도 찾아볼 수 있다. 그러나 아칸 민족의 대다수는 가나에 거주하고 있다.

아칸 민족의 하위 그룹으로는 아단시(Adansi), 아한타(Ahanta), 아고나(Agona), 아쿠아펨(Akuapem), 아콰무(Akwamu), 아켐(Akyem), 아샨티(Ashante), 아챤(Atchan), 아티(Attie), 바울레(Baoulé), 버너(Bono), 브롱(Brong), 덴키

라(Dinkyira), 판테(Fante), 콰후(Kwahu), 음바토(Mbatto), 은지마(Nzima), 와사(Wassa) 및 세프위(Sefwi) 등 다양하다. 이들은 트위어(Twi)라는 공통 언어와 방언을 사용하며 사회적, 정치적 제도와 관행을 공유하고 있다.

구전에 따르면 최초의 아칸 왕국은 12~13세기 현재 가나 중부 부롱-아하포(Brong-Ahafo) 지역에서 창궐한 보노(Bono) 왕국이다. 따라서 보노 민족은 아칸 민족의 기원이자 요람이다. 이 왕국은 북부의 만데 민족이 필요로 하는 금과 콜라 무역을 통해 성장했다.

15세기경 아칸 여러 민족은 금과 콜라 열매가 풍부한 가나의 사바나 산림 지역으로 이동하여 정착했으며 16~17세기에 무역로를 따라 수많은 왕국을 세웠다. 이들은 크게 세 그룹으로 나뉜다. 중부에는 아샨티(Asante), 브롱-아하포, 아신-덴키라-판테(Assin-Denkyira-Fante), 만케심 왕국(Confederacy-Mankessim Kingdom)이 있었다. 동부와 그레이터 아크라(동남부)에는 아켐-아콰무-아쿠아펨-콰후Akyem-Akwamu-Akuapem-Kwahu가 존재했다. 그리고 서부에는 아한타-아오윈-세프위-와사(Ahanta-Aowin-Sefwi-Wassa) 등이 있다.

아칸 민족은 수 세기 걸쳐 여러 왕국을 건설하고 경쟁하면서 유럽 상인과 국경 너머까지 확장하는 광범위한 무역망(금, 콜라 열매, 노예 등)을 구축하며 경쟁했다. 이 중 아샨티, 덴키라, 판테 왕국이 19세기 말까지 강력한 영향력을 행사하며 유럽인들과 경쟁, 협력, 전쟁을 통해 번영했다. 아샨티 민족이 영국과의 협력보다는 경쟁과 전쟁을 했다면, 판테 민족은 영국과의 협력과 보호 아래 살아남았다.

판테 민족은 아칸 민족의 하위 그룹으로 해안 지역에 정착했다. 현재 판테 민족 인구는 약 600만 명으로 추산되며, 이는 아칸족에서 두 번째로 큰 하위 집단이며 현재 가나 전체 인구의 약 13%를 차지한다. 해안을 따라 전략적으로 위치한 판테 민족은 15세기에 포르투갈, 네덜란드, 영국을 포함한 유럽 상인들과 교류한 최초의 아프리카 집단 중 하나다.

아칸 민족은 현재 코트디부아르와 베냉 및 토고에도 분포되어 있으며, 코트디부아르의 바울레(Baoulés) 민족은 아칸 민족의 하위 그룹이다.

4. 에웨(Ewe) 민족

구전 역사에 따르면 에웨 민족은 서기 500년에서 1200년 사이에 그들의 원래 고향인 나이지리아 서부의 오요(Oyo)에서 토고에 이르렀다. 구전 전통에 따르면 에웨 민족은 토고 노체(Notse)에서의 끊임없는 전쟁, 토지 갈등, 기근 등을 피해 15세기 중반에 일부가 가나의 볼타호 동쪽과 해안의 케타(Keta) 석호 주변 지역에 정착했다. 현재 가나 인구의 13%를 차지한다.

하위 민족 그룹으로는 안로(Anlo), 제(Ge), 페키(Peki), 호(Ho), 크판도(Kpando), 아다크루(Adaklu), 베(Be) 등이 있으며 대부분 볼타 지역의 안로가(Anloga), 케타, 오티(Oti) 지역에 주로 거주하고 있다.

에웨 민족은 본질적으로 부계 공동체로 가족과 혈통에서 큰 의미와 중요성을 찾는다. 조상의 초자연적 힘을 믿는 에웨 민족은 각 가족의 여러 세대 사이에 유대감을 형성하고 있다. 공동체의 창시자가 수장이 되고 보통 그의 부계 친척이 뒤를 이었다. 가장 큰 독립 정치 단위는 추장 사회였으며, 추장 사회의 우두머리는 원로회의 도움을 받았다. 그러나 점차 공동체의 대변인으로서 원로들은 새로운 추장 후보를 제안하고 그들은 추장의 권한 남용을 견제한다. 여러 추장 사회는 수백 명에서 수천 명으로 다양했다. 이에 따라 에웨 민족은 통일된 중앙집권국가를 창설할 수 없었다.

에웨 민족의 물질문화는 아샨티 문화의 영향을 받아 직조 제품, 드럼, 의자 형태가 유사하다. 해안 지역에 정착한 이들은 내륙으로 생선과 소금을 수출했고, 노예무역 기간에 그들의 마을은 내륙 왕국이 판매하기 위해 보낸 포로들을 위한 노예 시장이 되기도 했다.

이러한 지리적 위치 및 유럽 요새와의 근거리로 에웨 민족은 외부의 침략을 자주 받았다. 아칸 민족의 하위 그룹인 아크와무 민족은 해안 지역으로 향하는 무역로를 장악하기 위해 에웨 민족을 자주 공격했다. 또한, 유럽 해안 요새가 많은 아크라(Accra)와의 지리적으로 인접해 있어서 유럽의 팽창주의와 식민지화의 우선 대상이 되었다. 독일의 전 식민지였던 토고는 제1차 세계 대전 이후, 분할되어 프랑스와 영국의 위임통치령이 되었다. 그러다가 1956년 주민 투표로 서쪽에 있는 영국령 토고가 골드코스트에 합병되면서 에웨 민족의 활동 범위가 넓어졌다.

5. 가-아당베(Ga-Adangbe) 민족

이 민족은 기원전 672~525년 이집트에서 이주하여 에티오피아를 지나 나이지리아로 이주한 것으로 추정한다. 이를 바탕으로 한 학파는 가-아당베 민족이 11세기 나이지리아 남부 지역에서 현재 가나 수도인 아크라 평원 동쪽 어딘가에서 왔다고 주장한다. 반면 다른 학파는 토고, 베냉, 카메룬에서 이동하면서 가나 지역에 정착한 것으로 여긴다.

가(Ga) 민족은 15세기경 아크라 중부 지역의 30개 이상의 정착지를 하나의 왕국으로 통합했다. 가 왕국은 남부 아칸의 금 생산 지역에 가까운 지리적 이점으로 16세기에 서아프리카 해안 지역을 자주 찾는 유럽 상인들에게 중요한 공급지였다. 일반적으로 가 민족은 중간상인으로서 중요한 역할을 했다. 가에서 생산된 소금, 생선, 옥수수와 총기, 직물, 금속 제품, 알코올 등의 유럽 상품을 내륙 지역의 금, 노예, 상아, 식료품, 가축 등과 교환했다. 17세기에 네덜란드(1642), 덴마크(1661), 영국(1672) 회사들이 아크라 해안에 요새를 건설했다.

아크라 평원 동부의 아당베 민족은 가 민족보다 조금 늦게 중앙 집권 국가를 세웠다. 그들 역시 해안의 유럽인과 내륙의 아프리카인 사이에서 중요한 중개자였다. 17세기 후반 아칸 왕국인 아콰무 민족이 침략하여 아야와소(Ayawaso)를 파괴하자 생존자들은 아크라 해안에 있는 유럽 요새로 피난했다. 1730년에 아켐 민족(Akyem)이 아콰무 민족을 물리쳤을 때 잠시 독립을 되찾았지만, 1742년에 아샨티가 아켐을 물리치고 아크라 평야의 대부분을 제국의 남부 지방으로 편입했다.

각 민족 집단의 구분은 공통된 문화유산, 역사, 언어 및 기원 공유에 근거한다. 이러한 공유 속성은 식민지 이전 시기에 왕국 형성에 이바지했다. 경작을 위한 토지를 획득하고, 무역로를 통제하고, 보호를 위한 동맹을 형성하기 위한 경쟁도 민족 집단의 연대와 왕국 형성을 촉진했다. 이중 아샨티 민족은 응집력 있는 그룹으로 중앙 삼림 지대에서 가장 강력한 왕국을 건설하여 지배적인 민족으로 성장했다.

제2장 아샨티 제국 시대

1. 아샨티 기원

아샨티(Asante) 단어는 '전쟁'을 의미하는 단어 osa와 '때문에'를 뜻하는 nti fo에서 파생했다. 즉 아샨티 민족은 '전쟁으로 뭉친 민족'을 의미한다. 아샨티 민족은 트위어를 사용하는 여러 아칸어족 중에 하나다. 트위어는 현재 가나 남부와 중부에서 수백만 명의 사람이 사용한다.

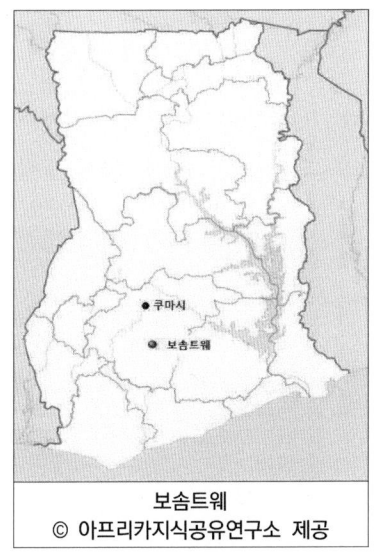

보솜트웨
ⓒ 아프리카지식공유연구소 제공

구전 전통에 따르면 아샨티의 오요코(Oyoko) 씨족의 일부인 나나 오티 아켄텐(Nana Oti Akenten, 1630-1660)은 무역로가 교차하는 부유한 내륙 지역 쿠마시(Kumasi) 근처의 보솜트웨(Botsomtwe) 호수 주변에 첫 아샨티 왕국을 건설했다. 이곳에서 주로 금, 코코아, 콜라 열매 등의 무역과 카사바, 옥수수, 참마 재배를 위한 숲을 개간하며 정착했다. 다른 아칸 왕국인 덴키라 혹은 아크와무에 비해 늦게 1670년에 건설

가나의 역사 19

된 아샨티 왕국은 두 왕국에 노예를 조공으로 바치던 속국이었다. 15세기부터 덴키라 왕국은 가나 서부에서 유럽인과의 무역을 통제했으며, 또 다른 세력 아쿠와무는 동부에서 무역을 장악하고 있었다. 특히 해안에 유럽인들의 등장과 이들과의 무역(금, 노예, 목재) 및 유럽인들이 들여온 옥수수, 바나나, 사탕수수 등은 아샨티의 주요 무역 물품이었다. 이를 통해 유럽인들은 내륙으로 영향력을 확장했다. 이에 따라 사하라 횡단 무역의 교차로에 있는 아샨티 수도 쿠마시는 전략적 위치로 제국 성장에 많은 영향을 미쳤다.

2. 아샨티 제국의 탄생

아샨티 제국(Asanteman)은 1670년부터 1957년까지 현재 가나에 해당하는 거대한 왕국으로 브롱-아포 지역, 중앙 지역, 동부 지역 에브헤(Evhé) 및 관, 남부 지역 가(Ga)와 그레이터아크라(Greater Accra) 및 서부 지역 판테까지 확장했다. 이후 아샨티 민족은 아칸 민족 중에 가장 지배적인 민족이 되었다.

이러한 제국의 틀을 만든 것은 17세기 후반 아샨티헤네 Asantehene, '아샨티 왕'의 칭호)이 된 오세이 투투 1세(Osei

오세이 투투 1세 © 위키피디아

Tutu, 1660-1717)다. 수도를 쿠마시로 정한 오세이 투투 1세는 중앙집권적 권위를 확립하기 위해 전투 군대를 구축하고, 규율 있는 왕실 및 준군사 체제를 갖추며 중앙 산림 지대에서 가장 강력한 국가를 세웠다. 오세이 투투 1세는 40여 개의 아칸 소왕국을 정치·군사적으로 서서히 통합하여 대서양 무역로를 장악하고 있던 숙적 덴키라 왕국을 1701년 복속시켜 제국의 발판을 마련한다. 또한, 다른 아칸족 경쟁 왕국 아크와무는 1500년경 건설되었는데 금 무역으로 번영했지만, 아샨티 연합에 의해 1730년경에 붕괴한다. 이로써 아샨티 제국은 해안으로 연결되는 무역망을 장악하며 제국적 면모를 갖춘다.

당시 주요 상업 도시인 쿠마시의 인구는 약 12,000명으로 추산된다. 북쪽으로 뻗은 4개의 주요 도로는 쿠마시에서 사바나 지역으로 이어졌고, 남쪽으로는 또 다른 4개의 도로가 연안까지 연결되었다.

황금의자 © 위키피디아

특히 오세이 투투 1세는 왕권과 연합 강화를 위해 제사장 오콤포 아노키(Anokye)로 하여금 하늘에서 황금 의자(Sika dwa, Golden Stool)를 내려오게 했다. 이 의자는 전통적인 왕권의 상징이기도 했지만, 아샨티 민족 전체의 정신을 구현했다. 아칸 소왕국과 추장들은 이 황금 의자와 연합의 왕 아샨티헤네에게 충성

맹세를 했다. 이로써 1700년경에 아샨티 연합이 출범한다. 아샨티 왕국은 이러한 종교적 믿음을 제국의 이념이라는 지상주의로 승화시켜 제국의 발판을 마련했다. 황금 의자는 아샨티 민족의 정신 또는 영혼인 '순섬'(Sunsum)을 담고 있다고 믿어지기 때문에 아샨티 민족에게 신성한 것으로 남아 있으며 아샨티 의식에서 광범위하게 등장한다.

아샨티 연합은 아샨티를 군사적으로 강력하게 만들었을 뿐만 아니라 주요 무역 지역에 있는 왕국들을 복속시킴으로써 해안으로 연결되는 무역망 대부분을 장악했다. 더욱이 오세이 투투 1세는 연합에 속한 지역의 왕 또는 추장들이 자신들의 관습을 유지하도록 허용했다. 반면, 아샨티헤네는 고위 추장들과 쿠마시 원로들을 통제하고, 감시하기 위해 오늘날 국무회의 같은 아샨티 협의회(Asanteman Hyia)를 설치했고, 여러 지역에서 선출된 대표와 쿠마시 원로들을 매년 이 회의에 참석하게 했다.

오세이 투투 1세의 후계자인 아샨티헤네 오포쿠 와레 1세 (Asantehene Opoku Ware I, 1720-1750)는 더 강력한 군사적 정복을 통해 아샨티 제국의 면모를 이루어낸 왕으로 이때 오늘날 가나와 같은 영토가 형성되었다. 총병력은 약 80,000명에서 200,000명으로 제국의 요구에 대규모로 즉시 부응할 수 있다. 조직은 선발대, 주력대, 후방 경비대, 두 개의 우익과 좌익 측면 부대로 구성되었다.

왕의 계승 문제로 어수선한 아샨티의 불안을 이용해 아켐 왕국이 아샨티 속국을 위협하자 오포쿠 와레 1세는 군을 동원하여 1742년 아켐를 공격하여 복속시켰다. 특히 오포쿠 와레 1세는 전임자의 조공 제도보다는 아예 점령 국가를 아샨티 연합에 통합했다. 오포쿠 와레 1세가 다스리는 민족은 47개로 늘어났다. 오세이 투투 1세가 아샨티 제국의 창시자라면, 오포쿠 웨어 1세는 제국의 기반을 다졌다.

아샨티 제국 ⓒ 아프리카지식공유연구소 재구성

오포쿠 와레 1세를 이은 아샨티헤네 오사이 콰미나(Osai Kwamina, 1800-1824)는 곤자 왕국과 판테 왕국 일부를 정복하고 다곰바 왕국을 완전히 패배시킴으로써 골드코스트 대부분 지역을 점령했다. 오사이 콰미나는 전임 아샨티헤네 오사이 콰드워(Osai Kwadwo, 1764-1777)가 만들어 놓은 관료화를 통해 권력을 강화했다. 모든 관직은 세습하지 않고 임명하여 효과적으로 제국을 관리하며 막강한 권력을 누렸다. 이러한 관료화는 정복한 북부 지역의 무슬림을 관리하는 데 효과적이었다. 주로 정복당한 북부 지역에서 온 무슬림들은 합법적으로 무역이 가능했고, 관직에 종종 임명되기도 했다. 19세기 초에 쿠마시에 정착한 무슬림은 천 명이 넘었을 것으로 추정한다.

오포쿠 와레는 연안에 교역소를 설치해 유럽인들로부터 더 많은 총기와 유럽 상품을 금과 노예로 교환했다. 노예는 대개 전쟁에서 노획했거나 정복당한 민족에게서 조공으로 받았다. 금과 노예는 아샨티 제국의 주요 수출품이었다. 특히 총기는 당시 금 가치를 능가한 노예무역과 영토 확장을 위해 사용했다. 이 시기에 금·상아·노예를 취급하는 남부 해안의 무역은 아샨티 제국이 엄격하게 규제했다. 이들 품목은 아샨티헤네가 통제하는 지역에서 나오고, 아샨티헤네는 원하는 가격을 책정할 수 있었다.

제10대 아샨티헤네 멘사 본수(Mensa Bonsu, 1824-1833)는 아샨티의 구식 무기를 모두 현대식으로 교체했을 뿐만 아니라 이 무기를 이용해 전투 특수부대와 하우사 민족으로 이루어진 '하우사 용병'부대를 창설했다. 이 부대들은 아샨티헤네의 권력 강화와 무역 독점 작전에 투입되어 아샨티 무역 거점을 강화·확대하고 영국에 대항하는 데 동원되었다.

그러나 이러한 아샨티 제국의 팽창과 번영은 금 다음으로 중요한 수입원인 노예무역의 금지, 영국과 네덜란드의 해안 진출과 결탁, 아샨티 제국의 무리한 영토 확장 및 무역 통제의 난관 그리고 왕 계승의 내부 문제 등과 겹치면서 점차 쇠약해지기 시작한다. 물론 아샨티 제국이 처음부터 영국과 무조건 적대적인 것은 아니었다. 아샨티 제국이 해안으로 팽창하는 데 있어서 가장 큰 걸림돌은 유럽 상인과 군도 있지만, 해안에 자리를 잡은 판테 왕국이다.

같은 아칸 민족이 세운 판테 왕국은 영국과 협의하여 아샨티 상인의 해안 접근과 아샨티 군대에 총기와 탄약 판매를 금지하는 판테 법을 공표했다. 그리고 아샨티 제국을 견제하기 위해서 제국과 적대적인 덴키라, 아킴 및 기타 왕국을 지원하였을 뿐만 아니라 아샨티 제국에서 온 난민에게 피난처를 제공했다. 이러한 문제들을 해결하기 위해 아샨티 제국은 판테 왕국에 대한 세 번의 군사 원정(1807년, 1811년, 1816년)을 감행하여 성공했다.

하지만 판테 왕국에 대한 아샨티 제국의 이러한 공격은 이 지역에 많은 이권을 가지고 있는 영국에 점차 중대한 위협이 되었다. 이는 1차 아샨티-영국 전쟁 (1823~ 1831년)으로 이어졌으며 1990년까지 영국과 총 5차례 전쟁을 치렀다.

제1차 아샨티-영국 전쟁
© Stephen Manning

영국 요새에 대한 권한을 위임받은 찰스 매카시 주지사

(Charles Mac Carthy)는 1824년 1월 21일 아샨티 제국과의 전투에서 사망하고 그의 군대는 전멸한다. 하지만 재정비한 영국군과 판테 왕국은 1826년 아샨티 제국과 1차 전쟁으로 승리했다. 1831년 영국은 아샨티 제국과 평화조약을 맺어 약 30년 동안 해안 지역의 평화가 유지됐다.

아센테헨 콰쿠 두아 1세(Osei Kwaku Dua I, 1797-1867)는 '평화, 무역, 개방' 정책을 펼쳤으며 골드 코스트의 영국 상인들과 원만한 무역 관계를 유지했다. 그러나 크와시 가닌(Kwasi Gyanin) 추장이 왕의 금괴를 훔쳐 보호구역으로 피신하자 영국 총독에게 추장 인도를 요청했다. 하지만 영국이 이를 거절하자 왕은 무시당했다고 여기고, 1863년 영국 보호령으로 진군하면서 아샨티-영국 2차 전쟁(1863~1864년)이 발발했다. 2차 전쟁에서 양측간 치열한 공방이 있었지만, 악천후와 전염병 확산으로 어느 측의 승리 없이 종결했다.

그러나 1873~1874년 3차 전쟁은 아샨티 제국에 치명적인 손실을 주었다. 영국이 네덜란드의 마지막 요새인 엘미나 성을 매입하면서 골드코스트에 대한 영국의 영향력은 더욱 커졌다. 수년간 네덜란드와 동맹을 맺었던 아샨티 제국은 바다로 가는 마지막 무역 창구를 잃을 수 있다. 이러한 손실을 막고 그 요새에서 얻을 수입을 계속 유지하기 위해 아샨티 제국은 12,000명의 군을 동원해 1873년 해안을 침공했다. 반면, 영국은 이참에 아샨티 문제를 영구적으로 해결하기 위해 아샨티 제국을 맹공격했다. 1874년 1월 아샨티의 수도 쿠마시가 처음으로 외부인에 의해 점령되고 파괴되었다.

| 1874년에 파괴된 아샨티 제국 궁전 © 위키피디아 | 프렘페 1세 © 위키피디아 |

 1874년 3월 14일, 양측은 포메나(Fomena) 조약을 체결했다. 패배한 아샨티 제국은 영국에 50,000온스의 금을 배상함은 물론 영국의 엘미나 성에 대한 보장과 요새 사용에 대한 영국의 모든 지불금을 포기해야 했다. 그리고 아샨티 제국에 속했던 지역은 해방되어 영국의 보호 지역으로 바뀌었다. 하지만 아샨티 제국은 영국의 보호령을 거절했고, 이에 영국은 아샨티 제국을 완전히 정복하기 위해 1874년 아샨티헤네에게 부과한 배상금의 불이행을 구실로 1895년 아샨티와 4차 전쟁을 일으켰다.

 이미 쇠퇴하고 있는 아샨티 제국은 4차 전쟁에서 또다시 패하면서 제국에 속했던 모든 지역이 해방되어 영국의 보호령으로 편입되었다. 그리고 1896년 독일이나 프랑스가 아샨티 지역을 정복할 것을 염려한 영국은 마침내 아샨티 제국을 영국의

가나의 역사 27

보호령으로 선언했다. 아샨티헤네의 지위는 폐지되었고, 아샨티헤네 프렘페 1세(Prempeh 1)와 그의 직계 가족 및 가까운 몇 명 고문을 포함하여 약 50명이 인도양에 있는 아프리카 세이셸로 추방됐다. 특히 영국 총독 아놀드 호드슨(Arnold Wienholt Hodson)은 아샨티 민족의 영혼과 제국의 상징을 없애기 위해 황금의자를 요구하였다.

야아 아샨테와아 여왕 © YAPGA

하지만 아샨티 민족은 황금 의자를 내주는 대신 프렘페 I세 왕의 세이셸 추방에 복종했다. 그들은 왕을 잃는 것이 황금 의자를 잃는 것에 비하면 사소한 일이라고 생각했다. 하지만 영국의 끊임없는 황금 의자 요구는 아샨티 민족을 극도로 분노하게 했다.

추방당한 아센테헨 프렘페 I세를 대신한 에지수(Ejisu)의 여왕 야아 아샨테와아(Yaa Asantewaa, 여왕의 명칭)는 4차 전쟁 패배로 세워진 쿠마시의 영국 거주지를 공격했다. '황금 의자 전쟁'으로 알려진 이 5차 전쟁은 1900년 3월부터 9월 말까지 6개월간 치러졌지만, 군사적으로 우세한 영국군의 승리로 끝났다. 야아 아샨테와아와 측근 15명은 포로로 잡혀 세이셸로 추방되었다.

1900년 이 마지막 전쟁으로 아샨티 제국의 77년간 전쟁은

Maxwell 총독 군화에 입맞춤하는 프펨페 1세 @ Stephen Manning

끝났으며, 230년 만에 해체되었다. 1902년 1월 1일 영국은 공식적으로 아샨티 제국과 해안을 보호령에서 '골드코스트' 식민지로 선언했다. 1926년에 쿠마시의 통제권이 형식적으로 아샨티헤네에게 반환되었고 1935년에 아샨티 왕의 역할이 회복되었지만, 의례적인 기능으로만 제한되었다. 그리고 아샨티 제국의 마지막 왕 프렘페 2세의 왕권은 1957년에 상징적으로 회복되었다.

3. 아샨티 정치·사회와 문화

1) 정부와 정치

아샨티 제국은 중앙집권적인 관료제를 기반으로 통치했으며, 국정을 처리하기 위한 별도의 부처가 있다. 더욱이 아샨티헤네 오세이 콰드워(1764~1777)는 출생이 아닌 능력에 따라 중앙관리를 임명했다. 쿠마시에는 아샨티의 외무부처가 있어 외국과 복잡한 협상을 추진했으며 영국, 프랑스, 네덜란드, 아랍과의 관계를 별도로 처리하기 위해 여러 부서가 운영되었다. 역사학자 아이버 윌크스(Ivor Wilkes)는 이러한 제도를 고도로 발전된 복잡한 견제와 균형 시스템으로 보았다.

아샨티 제국의 권력구조는 피라미드형으로 최고정점에는 아샨티헤네가 있다. 아샨티헤네는 최고 추장으로 구성된 아샨티 연합 의회를 이끈다. 최고 추장은 지역 추장 회의를 주재하고 지역 추장은 하위 추장으로 구성된 지역 원로회를 주재한다. 마을은 하위 추장에 의해 통합되고 모든 마을에는 모든 가구의 수장으로 구성된 마을 수장 위원회가 있다.

왕으로서 아샨티헤네는 엄청난 권력을 가졌으나 절대적인 왕권을 누리지는 못한다. 아샨티헤네는 추장과 같은 절차로 선출되었다. 그러나 아샨티헤네는 범죄가 발생하면 사형을 선고할 수 있는 유일한 권력자다. 전쟁 중에는 왕이 군대의 최고 사령관 역할을 했으나, 19세기에는 쿠마시 전쟁부가 전투를 점점 더 많이 담당했다.

원로들은 아샨티헤네의 권력을 제한했고, 왕의 권한은 금기 사항을 포함한 관습법에 의해 통제되었다. 원로 협의회는 절대적인 권한을 추구하는 왕에 대한 제도적 견제다. 따라서 왕은 원로 협의회에서 조언을 항상 구했다. 사실, 왕의 취임 선서에는 원로 협의회에서 그에게 준 조언에 반하는 행동을 절대 하지 않겠다는 선언이 포함되어 있다.

하지만 국가의 상징으로 아샨티헤네는 의식적으로 상당한 존경을 받았는데, 그 이유는 그가 육체를 지닌 사람들, 즉 산 자와 죽은 자 아직 태어나지 않은 자의 상징이기 때문이다. 그러나 왕이 원로회나 백성의 승인을 받지 못한 행위를 했을 경우, 탄핵을 받아 평민으로 강등될 수도 있다. 왕의 의자와 휘장, 그리고 장신구는 몰수된다.

특히 귀족 조직과 원로회의 존재는 아샨티 과두정치의 특징이다. 따라서 노인들이 정치권력을 독점하는 경향이 있지만, 젊은 남성들로 구성된 조직인 은메란테(nmerante)가 있다. 원로회는 은메란테 대표와 협의한 후에 필요한 조치를 해야 했다.

2) 모계 친족 사회

아프리카 전통 사회 대부분은 부계사회다. 가나의 가-아당베, 에웨, 몰-다그바니는 부계 혈통만 인정한다. 따라서 죽은 아버지의 재산은 그의 혈족인 자녀에게 돌아간다. 그러나 드물게 아샨티는 모계 사회를 유지하고 있다.

아샨티 민족에게 가장 중요한 것은 가족과 어머니의 일족이다. 아이는 아버지의 영혼이나 정신(ntoro)을 물려받고, 어머니로부터 아이는 살과 피(mogya)를 받는다. 이는 여성 혈통을 통해서만 혈통이 이어지기 때문이다. 어머니와 외사촌, 이모, 삼촌, 조부모 등은 혈족이지만, 아버지와 외사촌, 이모, 삼촌, 조부모 등은 그렇지 않다. 모계 사회에서 아이들은 어머니의 씨족에서 태어난 것으로 간주하여 어머니의 가족으로부터 지위를 얻었다. 따라서 정치적 직위와 재산은 여성 혈통을 통해 상속되었다. 모계 혈통 규범에 따르면, 남자의 자식은 그의 혈족이 아니며, 그가 죽을 경우 그의 상속인은 그 자매의 아들이다.

본질적으로 모계 사회는 여성을 공동체나 국가의 책임 있는

아샨티 동상 모성의 상징 © nofi

지위로 승격시켜 정치적, 사회적 영역에서 여성의 중요한 영향력을 인정한다. 따라서 권력이나 직위의 상속은 모계 혈통을 따라 전달된다. 왕 아샨티헤네는 남성으로 전통적인 방식으로 통치하지만, 왕권의 계승은 독특한 모계 경로를 따른다. 즉 왕은 태후의 추천에 따라 임명되므로 왕위 계승에서 여성의 권위와 영향력이 크다. 그러므로 왕의 직계 아들은 계승 서열에서 제외된다. 특히 재위 중인 국왕의 어머니는 아샨테와아(여왕)로 선출되기 때문에 왕위 계승자가 공석이 되면 후보를 내세워 권력을 수호하는 역할을 한다. 또한, 아샨테와아는 왕의 수석고문으로 왕에게 명령을 내리고 조언을 제공하는 특권을 가진 유일한 여성이자 제국의 두 번째로 높은 지위에 있는 황금 의자 수호자다.

3) 켄테(kente) 직물 문화

아샨티 민족은 아칸 민족이지만, 피정복민족에게서 가져온 다양한 문화와 기술을 접목한 문화를 향유하고 있다. 켄테(Kente)라고 불리는 천 문화는 아샨티 민족의 자부심이자 정체성의 상징이다. 켄테 용어는 천이 바구니와 비슷한 패턴이라서

켄테 직물 © 위키피디아

'바구니 천'이라고 불렸다. 아샨티 민족이 17세기에 켄테를 개발했지만, 그것은 약 3000년 전으로 거슬러 올라가는 아프리카의 오랜 직조 전통에 뿌리를 두고 있다. 일부 역사가들은 켄테는 16~17세기 아샨티 왕국이 형성되기 전, 서아프리카에 존재했던 다양한 직조 전통에서 유래했다고 한다.

아샨티에서 켄테 전통은 부분적으로 왕족이 의례를 목적으로 고급 천을 만들면서 발전했다. 초기 역사 기록에 따르면 18세기에 아샨티 민족은 금 공급원을 통제하면서 포르투갈, 영국, 네덜란드 및 기타 무역상과의 무역을 통해 부유해졌다. 1700년 이후 번영기에 아샨티헤네는 궁정에 권위 있는 의례용 천을 공급하기 위해 특별한 왕립 직조 센터를 설립했다. 여성과 남성 모두 생산 과정에 참여했다. 여성은 주로 면사를 짜고 생산하는 일을 담당했고, 남성은 직기와 기타 관련 도구를 생산했다. 켄테 천은 단순한 직물이 아닌, 13세기부터 아샨티 왕, 여왕, 그리고 중요한 국가적 인물들이 입어왔다. 초기에는 왕족의 전유물이었으며 사교적 또는 의례적 행사에서만 입었다. 특히 왕족들은 자신들이 평민과 구별되기 위해 켄테를 입었다.

아샨티 전통에 따르면, 천의 크기와 디자인은 성별, 나이, 결혼 상태, 사회적 지위에 따라 다르다. 노란색 디자인의 패턴은 주로 왕족, 부, 다산을 상징한다. 분홍색은 여성성, 평온함, 달콤함을 나타낸다. 녹색은 성장, 다산, 영적 회춘이다. 피의 색인 빨간색은 고조된 영적·정치적 분위기, 희생, 투쟁과 관련이 있다. 파란색은 영생과 평화를 나타낸다. 보라색과 적갈색은 지구의 치유력을 나타낸다. 검은색은 성숙함, 에너지, 고대성, 영적 힘을 의미한다.

  켄테는 다양한 지역 사회의 역사와 문화를 반영하여 정체성을 구축하는 수단이었다. 시간이 지나면서 켄테 직물은 문화적 상징이 되었고, 역사, 구전 문학, 철학, 도덕 원칙, 종교적 신념 및 사회적 행동 규칙의 시각적 표현이 되었다.

제3장 유럽인의 침입과 노예무역

1. 엘로라도 가나

　타노(Tano) 강과 볼타(Volta) 강 사이의 금으로 유명한 베고(Begho)는 15세기에 유럽인이 도착하기 전까지는 거의 알려지지 않았다. 극동으로 가는 해상 경로를 찾는 과정에서 가나에 처음 발을 디딘 유럽인은 포르투갈인이다. 조앙 드 산타렘(João de Santarém)과 페드로 에스코바르(Pedro Escobar)는 1471년 가나 해안에 도착했다. 포르투갈인들은 해안에서 금광석과 금가루를 발견한다. 그리고 1481년에 포르투갈 왕 주앙 2세(John II)는 금 무역을 목적으로 가나 해안에 요새를 건설하기 위해 디에고 데아잠부자(Diego d'Azambuja)를 파견하였다. 1482년 상품을 보관하거나 다른 적대적인 유럽 국가 및 아프리카 상인들을 격퇴하기 위해 유럽 최초의 무역 기지 상 조르제 다 미나(Castle of São Jorge da Mina) 성을 건설했다. 처음에는 아미나(A Mina, 포르투갈어로 '광산')로 알려졌지만, 엘미나(Elmina)로 바뀌었다. 포르투갈은 이곳에서 1487년부터 1489년까지 8,000온스, 1494년부터 1496년까지

엘미나 성 © 위키피디아

22,500온스, 16세기 초까지 26,000온스의 금을 리스본으로 운송했다.

뒤늦게 금 무역에 뛰어든 네덜란드는 1598년에 코멘다(Komeda)와 코르만실(Kormantsil)에 요새를 건설하였으며, 9년 동안의 전쟁 끝에 1637년 포르투갈 요새를 점령하고 1642년에는 노예의 성 상 안토니우(São António)를 탈취했다. 그리고 1643년 골드코스트에서 포르투갈을 몰아냄으로써 지배적인 유럽 국가가 되었다.

골드코스트 해안의 유럽 요새 © 위키피디아

포르투갈이 서아프리카에서 물러나자, 영국, 덴마크, 스웨덴 등 다른 유럽 상인들이 합류하면서 골드코스트에 대한 점유 경쟁이 벌어졌다. 골드코스트는 유럽인들의 무역 요새로 가득했다. 유럽인이 해안에 세운 요새는 약 100개다.

1657년 스웨덴은 덴마크를 몰아냈고 독일은 1685년에 프린세스 타운(Princes Town)에 요새를 건설했지만, 무역이 부진해지자 1709년에 철수했다. 프랑스는 18세기 말에 포기했고, 1851년 덴마크인들은 교역소를 영국에 양도했다. 17세기 초까지 네덜란드는 골드코스트에서 금 무역을 장악하고 있었다.

유럽 강대국인 영국이 골드코스트에 적극적으로 관심을 가지게 된 것은 1673년 아크라에 세운 제임스(Fort James) 요새 건설이었고, 이 무렵 1663년에 시작한 케이프코스트(Cape Coast) 건설도 끝났다. 또한, 1667년 7월 브레다(Breda) 조약으로 네덜란드 교역소를 획득했을 뿐만 아니라, 연안 지역 세력인 판테 왕국과 여러 협정을 맺어 해안 지역의 식민지 지위를 획득하는 발판을 마련했다. 이후 영국은 대략 510km가 넘는 전체 해안선을 점령하여 19세기에 골드코스트에서 가장 강력한 유럽 무역 국가로 부상했다. 특히 1750년에 설립된 영국 아프리카 상인 회사는 본국의 지원을 받아 무역 활동을 하면서 영국 관할권을 적극적으로 방어했다.

16세기 말 신대륙에서 노예 수요가 증가하면서 골드코스트에서는 노예가 금 대신 주요 수출품이 되었다. 노예무역은 포르투갈이 거의 1세기 동안 독점했다. 포르투갈은 지역 추장과 연합하여 노예무역 권리와 노예 무역소 설치 조약을 맺었다. 골드코스트의 대부분 요새는 노예 무역소로 변했으며 18세기에 금보다 노예가 더 많이 수출됐다. 더불어 아샨티 제국과 판테 왕국도 노예무역 대열에 적극적으로 참여하게 된다.

2. 노예무역의 성지

미대륙 신세계 발견은 유럽의 해외 무역 구조와 가나 역내 무역 패턴을 완전히 바꿔 놓았다. 16세기 초에 시작되어 17세기부터 본격화된 노예무역은 유럽 국가들의 관심을 불러일으켰다. 유럽은 금 무역 대신 노예무역을 위해 교역소를 경쟁적으로 건설했다. 엘미나 성은 아프리카 노예 선착장이 되었다. 아메리카 대륙에서의 노예에 대한 수요 급증으로 아프리카 서부 해안은 신세계의 주요 노예 공급 지역이 되었다. 만족할 줄 모르는 노예 상인과 노예무역에서 얻을 수 있는 상당한 이익은 유럽 전역의 상인들을 끌어들였다.

아프리카의 노예무역 해안
© 위키피디아

1642년 네덜란드는 금과 노예무역을 독점하기 위해 포르투갈인을 몰아내고 여러 무역로를 통제하고 있는 아샨티 제국을 이용했다. 아샨티 제국은 이미 이웃 왕국들에서 노예를 조공으로 받았으며 헤게모니를 행사하고 있었다.

이 당시 해안의 유럽 상인과 아프리카 왕국 사이에서 발생한 대부분 갈등은 노예무역의 지배권을 놓고 벌어진 경쟁에서 비롯되었다. 노예무역에 많은 아프리카 왕국이 유럽 노예 상인들과 협력하며 많은 이익을 냈고, 유럽인들은 이를 통해 점차 내륙으로 세력을 확장했다. 즉 사람을 얻기 위해 사람을 팔았다. 그 대표적인 것이 아콰무왕국, 판테왕국, 아샨티 제국 등이다. 그러나 아샨티 제국이 노예무역만으로 성장한 것은 결코 아니다. 금과 상아 무역을 통해 골드코스트 지역을 이미 장악하고 있었고, 무역 패턴이 바뀌면서 아샨티 제국은 상업적 이익을 위해 노예무역에 참여했다. 아샨티 제국은 1년에 1만 명의 노예를 팔았다. 유럽과의 노예무역으로 무기를 얻고, 더 많은 영토와 노예를 획득할 수 있었다.

물론 유럽과 접촉하기 전부터 아프리카 사회에는 노예 제도가 존재했다. 하지만 대부분이 전쟁에서 잡힌 남성과 여성 포로였다. 이들 대부분은 잡혀 온 사회의 하위 구성원으로 종종 대우받았고, 많은 노예가 궁극적으로 주인 가족 구성원으로 흡수되었다. 아프리카의 전통적인 농업 생산 방식을 고려하면, 아프리카의 노예 제도는 신세계의 상업적 농장 환경에서 존재하는 노예 제도와 상당히 다른 것이 분명하다.

서아프리카의 노예무역은 16세기 중반에 시작된 이래 18세기에 절정에 달할 때까지 빠르게 증가했다. 아프리카 노예무역 연구의 권위자인 필립 커틴(Philip D. Curtin)은 약 630만 명의 노예가 서아프리카에서 북미와 남미로 팔려나갔으며, 그중 약 450만 명이 1701년에서 1810년 사이에 팔려나갔다고 한다. 골드코스트에서 매년 3만 명의 노예가 엘미나 성을 거쳤다. 노예무역이 서아프리카에 미친 인구학적 영향은 실제로 팔려나간 노예 숫자보다 많았다.

금과 노예무역의 케이프코스트 요새와 노예 지하 감옥 © 위키피디아

역사학자 월터 로드니(Walter Anthony Rodney)는 노예무역이 아프리카 지역 사회를 파괴했고, 인구를 감소시켰다고 한다. 이로써 아프리카 사회 구조와 균형이 깨졌다. 최근에 아프리카 저발전의 원인에 대한 논의에서 그 원인이 아프리카인 자신에 있다고 하지만, 근본적인 원인을 제공한 것은 유럽이 틀림없고, 노예무역도 이에 해당한다.

하지만 300년간 유지되었던 노예무역은 유럽의 산업 혁명으로 인한 식민지 개척의 필요성과 노예무역의 수익성 감소 그리고 인도주의 등의 이유로 1807년 공식적으로 폐지되었으나 불법적인 노예무역은 1세기가량 지속되었다. 1792년 덴마크는 노예무역에서 충분한 이익을 얻지 못하자 무역을 중단했다. 영국은 노예무역 근절을 위해 1850년대는 덴마크 요새와 1872년에는 네덜란드 시설과 해안 지역을 통제하기도 했다.

제4장 영국의 식민 지배와 골드코스트 민족주의 운동

1. 영국의 식민정책

다른 유럽 식민 국가와 다름없이 영국의 식민주의 접근은 정치, 경제, 문화에 대한 광범위한 범주에서 시행되었다. 이는 경쟁적인 식민지화에 대해 자기방어적인 측면에서 약소국이 강대국의 보호에 들어가게 함으로써 아프리카인들의 권위와 유럽의 권력을 다른 식민제국주의로부터 보호할 수 있다는 전략적 접근이다. 프랑스 총리(1880-1885) 쥘 페리(Jules Ferry)는 프랑스의 식민지를 정당화하기 위해 아프리카인의 '문명화'(Civilization)를 주장했다. 그는 아프리카 국가들이 다른 식민국에 의해 침략을 받는 것보다는 프랑스의 보호를 받는 것이 낫다고 했다.

1) 보호령에서 식민지

영국은 무역과 요새 보호 그리고 영국에 우호적인 혹은 아샨티 제국의 위협을 받는 지역의 보호 명목으로 교묘하게 개입하기 시작한다. 연합에 성공한 아샨티 제국이 1807년부터 무역 확대를 위해 점차 골드코스트 해안으로 남진하자 영국은 유럽 요새의 안전과 보호를 목적으로 골드코스트 해안에서 가장 큰 민족 집단인 판테 왕국과의 조약을 통해 아샨티 침략에 대항했다. 특히 판테 왕국은 아샨티 제국의 위협에서 벗어나기 위해 영국 보호에 의지해야 했다.

영국은 아샨티 제국과의 평화협정을 통해 판테 왕국에 대한 보호령을 강화한다. 1843년 케이프코스트 정착지 수석 행정관 조지 맥린(George Mac Lean)은 아샨티 제국과 평화를 유지하면서 판테 왕국을 공식적으로 영국의 보호령으로 만드는 데 공헌했다. 이를 계기로 1844년 골드코스트의 초대 총독 워슬리 힐(Henry Wesley Hill)은 아샨티의 위협에서 벗어나려는 판테 및 다른 지역 추장들과 본드(Bond) 조약을 체결한다. 이 조약에 따르면 영국 식민 정부가 살인과 강도와 같은 심각한 범죄를 재판할 수 있게 했다. 이로써 해안 지역에 대한 영국의 영향력은 강화·확대되었고, 식민지 지위를 합법적으로 확보하는 발판이 마련되었다. 특히 해안 보호령 업무의 중요성이 커지면서 골드코스트의 행정은 1850년에 시에라리온(Sierra Leone)의 행정에서 완전히 분리된다.

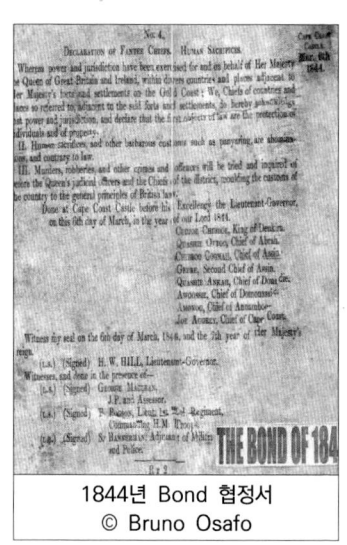

1844년 Bond 협정서
© Bruno Osafo

1853년경 골드코스트에는 자체 주지사, 입법위원회, 행정 위원회, 영국 정착지 및 외국 관할권 법 등이 제정되었다. 이후 영국 보호령 내에서 발생하는 민사 또는 형사 사건을 대법원과 판사가 토착 추장이나 당국의 협조 없이 재판할 수 있게 했다.

영국의 보호령 및 식민지령 © LaVerle Berry

1872년 마지막 경쟁국 네덜란드를 골드코스트에서 물리친 영국은 가나에서 유일한 식민 패권 국가가 되었다. 그리고 1874년 아샨티 제국의 수도 쿠마시를 정복함으로써 1874년 7월 24일 영국 정착지 법에 따라 영국은 가나의 요새와 정착지를 나이지리아의 라고스(Lagos)와 함께 왕실 식민지로 전환했다.

영국은 아샨티 제국의 천연자원, 영국의 니제르 만곡 지역 침투에 대한 중요성, 수단 국가와의 무역 번영 등의 이유로 골드코스트를 영국의 식민지로 만들었다. 스콧 키(Francis Scott Key)경의 1895~1896년 원정대는 1873~74년 원정대가 성공하지 못한 일을 이뤘다. 더욱이 영국은 야아 아샨테와아와의 5차 전쟁(1900-1901)에서 승리한 이후, 북부 영토를 보호령으로 선포하였다. 1차 세계 대전이 끝날 무렵, 현재 가나 공화국에 속한 모든 영토는 영국 왕실의 통제하에 놓이게 된다.

2) 간접 식민 통치(Indirect rule)

거의 1세기 동안 벌어진 전쟁에서 아샨티 제국의 패배는 현재 가나가 영국의 식민지가 되는 데 결정적인 영향을 미쳤다. 더는 영국에 군사적으로 대항할 강력한 토착 민족 세력이 없다.

영국 식민 지배의 전형적인 유형은 간접 식민 지배다. 영국 식민 정부는 아프리카 전통 정치·사회 체제를 그대로 인정하면서 자신들의 권익을 최대한 보장 및 보호받는 것이다. 그 대표적인 것이 1853년에 설립된 입법위원회(Legislative Council)다. 입법위원회는 제한적이지만, 가나인이 식민지 통치에 참여할 수 있도록 허용했다.

입법위원회 의원은 총독이 임명했으며 총 30명 중 16명이 공무원이었고, 14명은 비공무원이다. 14명 중 5명은 식민지의 상업적 이익을 대표하는 유럽인이었다. 1900년 이후, 3명의 추장이 아크라, 케이프코스트(Cap Coast), 세콘디의 유럽화된 지역 사회에서 입법위원회의 의원으로 선출되었다. 아샨티와 북부 준주의 아프리카인을 포함한 것은 훨씬 후의 일이다. 1952년에 식민지 3개 지방의 '추장 협의회'(Town Councils)를 설립하였다. 이 협의회'는 북부 식민지를 제외한 모든 지방에 최고 추장들로 구성되었으며 목적은 추장과 협의회의 권한 및 관할 구역을 명확히 하고 규제하는 것이다. 또한, 협의회는 해당 지역의 관습법을 정의하는 역할을 맡았고, 다른 계층의 추장 간에 분쟁이 발생했을 때 관습법 문제를 결정하는 재판소 역할을 했다.

그러나 입법위원회는 중앙정부의 통제하에 운영되었다. 추장은 원로회의에서 선택되고 선출되었지만, 그들을 지원한 식민지 당국에 책임을 지게 되어 있다. 따라서 입법위원회는 일반적으로 정부 의원들이 이끌었으며, 이들은 순종적인 추장들에게 명예, 훈장, 기사 작위를 종종 수여했다. 반면, 최고 추장 해임은 1904-8년의 7명에서 1919-24년의 41명으로 증가했다. 이는 간접 식민정책이라기보다는 프랑스 직접 식민정책(Direct rule, Assimilation)과 가깝다.

특히 대중과 교육받은 지식인들의 참여는 거의 배제되었다. 따라서 간접 통치 체제에서 추장들이 결정을 내릴 때, 주민이 아닌 식민 중앙정부가 있는 아크라의 눈치를 항상 봐야 했다. 이에 따라 지식인들은 추장들이 영국의 지원을 받는 대가로 지방 추장 협의회는 식민 정부의 통제하에 완전히 들어갔다고 여겼다.

제도적인 간접 식민정책의 산물인 입법위원회는 가나인들의 참여 확대와 대표성 인정 요구로 독립 이전까지 여러 차례 변화를 거쳤다. 입법위원회에 가나인 참여는 점차 증가하였으며 1951년에는 '골드코스트 의회(Gold Coast Legislative Council)'로 변경되었다. 총 84명의 의원으로 구성되었으며 33명은 선거인단에 의해 식민지와 아샨티의 농촌 지역에서 선출되었다. 37명은 추장 협의회에서 선출되었다. 5명은 아크라, 케이프코스트, 세콘디-타코라디(Sekondi-Takoradi), 쿠마시에서 선출되었다. 84명의 의원 중 유럽인 의원이 9명으로 상공 회의소 3명, 광산 회의소 3명, 그리고 주지사가 3명이다. 그러나 84명 중 37명이 추장 협의회에서 선출되었다는 것에 대해서는 가나 지식인들의 불만과 비난이 끊이지 않았다. 이와 같은 추장 권한 강화는 추장이 더 독재적이고 식민 정부에 복종하게 될 것이라는 우려는 낳게 했다.

골드코스트 의회 © Edward A. Ulzen Memorial Foundation

대의제도 측면에서는 입법위원회를 통해 골드코스트 사람이 가나 정치발전의 부분적 역할을 했다고 하지만, 사법제도는 간접 식민정책에서 예외다. 사법제도는 영국이 골드코스트를 정복하면서 가장 중시한 부분이다. 이전에 가나인들은 관습법과 관행으로 분쟁을 해결했다. 그러나 영국은 분쟁 해결에 영국의 법률 시스템인 치안판사와 대법원을 도입했다. 대법원과 치안판사가 토착 추장이나 원로의 협력 없이 재판할 수 있게 했다.

영국 당국은 아프리카 식민지 관리를 위해 채택한 간접 통치

체제에서 전통 추장이 두드러진 역할을 했다고 한다. 이 정책의 설계자인 프레드릭 루가드(Frederick Lugard)에 따르면, 간접 통치는 현지에 배치되는 유럽 관리의 수를 줄일 수 있어 비용 효율적이다. 현지 통치자가 주민들을 직접 행정적으로 통제할 수 있게 함으로써 유럽인의 통치에 대한 현지 주민들의 반발을 최소화할 수 있다. 그

조지 맥린 대위: 골드 코스트의 첫 번째 사법평가관 ⓒ Bruno Osafo

러나 모든 추장은 유럽인 감독관의 지시를 따라야 했다. 루가드에 따르면, 이 계획은 전통 통치자들이 유럽의 정치 조직과 가치관에 접근할 수 있어서 원주민을 문명화할 수 있으며, 통치는 법과 질서의 유지를 보장한다는 궁극적인 이점이 있다는 것이다.

가나인들은 영국의 간접 식민 통치에서 프랑스의 직접 식민 통치와 비교해 빠른 정치적 경험을 한 것은 사실이다. 그러나 이는 영국이 가나를 2차 세계대전으로 피폐한 영국경제를 강화하는 데 필요한 원자재 공급처로 프랑스보다 더 절실했기 때문이다.

3) 식민 경제

영국 식민지가 미친 가장 큰 영향력은 생산 경제 체제의 변화다. 영국은 노예무역을 폐지하면서 야자, 코코아, 고무와 같은

현금 작물 재배를 장려했다. 또한 지중해, 아시아, 아메리카에서 도입된 오렌지, 바나나, 코코넛, 파인애플, 얌, 쌀, 고구마, 땅콩, 옥수수, 카사바 등 다양한 과일과 식량 작물이 처음에는 유럽 요새 주변의 농원에서 식량 공급을 보충했다. 또한 노예선이 대서양을 건너 아메리카로 가는 여정의 식량 공급을 위해 재배되었지만, 점차 내륙으로 확산했다. 특히 1878년에 들어온 식민지 현금 작물인 코코아는 대규모로 개발되고 생산되었다.

| 그리피스 경 ⓒ 위키피디아 | 코코아 수확 및 가공 ⓒ 위키피디아 |

코코아는 주지사인 그리피스(William Brandford Griffith) 경이 상투메 프린시페(São Tomé and Príncipe)에서 1886년 수입했고, 남부 해안의 아콰핌(Akwapim) 민족이 본격적으로 재배하기 시작했다. 1901년의 코코아 수출은 43,000파운드로 증가했고 식민지 수출 목록에서 3위를 차지했다. 1903년 해안과 쿠마시 간 철도가 부설되면서 코코아는 가나에 급속히 확산했고, 아샨티 민족은 코코아 생산에 앞장섰다. 1911년경 골드

코스트의 코코아 면적은 2,500㎢에 달했으며, 식민지 수출의 거의 절반을 차지했고 골드코스트는 이 열대작물의 세계 제1위 생산지가 되었다.

1930년 세계 대공황과 코코아 병충해 유행, 1950년대 말 흉작을 제외하고 코코아는 식민 경제의 주축이 되었다. 1948년에서 1952년 사이에 코코아 가격은 톤당 139파운드에서 300파운드 이상으로 상승했고, 1951년 코코아 수익은 6천만 파운드나 되었다.

코코아 생산은 운송과 통신인프라 발전에도 영향을 미쳤다. 초기 철도는 주로 금광 산업에 맞춰 건설되어 세콘디-타르크와(Sekondi-Tarkwa)를 연결했지만, 점차 남부의 주요 코코아 생산지까지 확장되었다. 1937년에는 9,700킬로미터에 달하는 도로가 건설되었다. 1946~1956년 동안 기존 도로 중 많은 부분이 포장되었고 아크라와 타코라디(Tacoradi) 사이의 해안 도로와 아크라, 쿠마시, 타말레(Tamale), 볼가탕가(Bolgatanga) 사이의 주요 간선도로와 함께 여러 개의 새로운 도로가 건설되었다. 또한 통신과 우편 서비스도 시작되었다.

하지만 코코아가 만든 현금경제는 토지 소유와 재산 상속에 대한 개념을 변화시켰다. 특히 아프리카인의 물리적 정체성이자 경제자원인 토지 수탈 없이는 영국 식민 지배의 이익을 창출할 수 없다. 그럼에도 일부 역사학자는 기본적 구조의 심각한 변화 없이 토지개혁이 가능했다고 한다. 또 다른 입장은 영국 식민 정부가 대규모 농장보다 소규모 농장을 중심으로 수출을 장려했기 때문에 토지 구조의 대부분은 전통 체제에 따라서 유지되었다고 한다.

그러나 아프리카 공동체의 중요한 요소인 토지를 탈취하기 위해서는 무력을 사용할 수밖에 없다는 것을 영국 정부는 알고 있고, 실제로 무력을 사용했다. 1897년 왕립 토지법안은 황무지, 산림지 및 광물을 영국 여왕에게 귀속시키기 위해 고안되었다. 이에 추장들은 자신들의 토지에 대한 통제가 위협받게 되자 강력하게 항의했다. 혹자는 직접적인 토지 탈취가 없었다고 하지만, 현금 작물 재배의 확산으로 토지를 변경하거나 비수출 토지의 가격이 하락하면서 토지는 혜택을 받는 일부 소수 계층에 전매되었다.

이를 통해 지역 부르주아가 형성되었는데 이들 대부분은 전통 사회에 대해 부정적이거나 비판적이다.

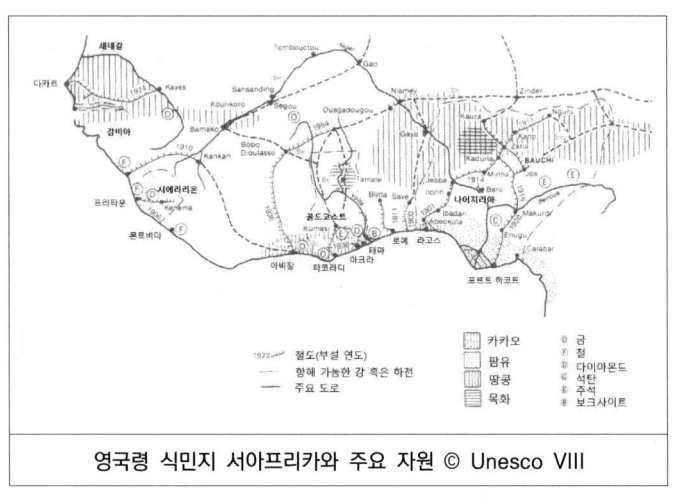

영국령 식민지 서아프리카와 주요 자원 © Unesco VIII

광업은 초기 식민 착취 경제의 주요 목표가 되었다. 이미 금 생산으로 유명해진 가나는 금 외 다이아몬드, 보크사이트, 망간이 풍부하다는 것이 밝혀지면서 Swanzy Mines, Aboso Gold Mining Co., Gold Coast(Abontiakoon) Mining Co., African Gold Coast Co., Tarkwa Gold Mines Co., Ashanti Goldfields Corporation 등을 포함한 많은 유럽 광산 회사가 운영되었다. 특히 금은 영국의 주요 수익 광물이다. 일부 공동체는 채굴권을 허락해 주고 이익을 얻었지만, 대부분 부를 축적한 것은 유럽 광산 회사와 식민지 정부였다. 광물은 1911년까지 골드코스트 수출 목록에서 2위를 차지하며 수출의 30%를 차지했고, 1936년에는 44%까지 올라갔다. 1946~1950년 사이에 금 수출은 600만 파운드에서 900만 파운드로 증가했다.

골드코스트는 식민지 무역 상품에 특화되었고 골드코스트 상인들의 무역 참여도 점차 증가했다. 일부는 스스로 사업을 할 만큼 성공했고, 다른 일부는 유럽 무역 기업의 대리인으로 일했다. 1891년에 케이프코스트 근로 인구의 30% 이상이 무역에 종사한 것으로 추산되었고, 아크라 인구의 20% 이상이 무역 파트에서 일을 했다. 또한, 부유한 아프리카 상인들은 유럽인들이 지은 것과 유사한 석조 주택을 지어 살았다.

간접 식민정책을 통한 지속적이고 체계적인 식민 착취 경제를 위해서는 영국의 문화와 언어에 친숙한 인적자원 개발이 필요했다. 19세기의 무역 경제가 확대되면서 가나인에 대한 서양 교육이 증가했다. 이에 따라 기독교·서양 문명·상업 사이에 긴

가나대학교(구 골드코스트 대학)
© 위키피디아

밀한 연관성이 생겼고, 기독교 교육 및 일반 교육에 대한 관심도 증가했다. 선교사 학교를 시작으로 20세기 초반에 여러 분야에서 상당한 발전이 이루어졌다. 선교사들의 참여도 계속되었지만, 정부는 꾸준히 지원을 확대했다. 1909년 정부는 아크라에 기술학교와 교사 양성 학교를 설립했고, 선교사들에 의해 다른 여러 중등학교가 설립되었다.

1948년 골드코스트 대학교가 아크라에 처음 설립되었다(독립 이후, 가나대학으로 변경). 6세에서 12세 사이의 어린이에게 무상 의무 초등 교육이 제공되었다. 초등학교 학생 수는 1950년 212,000명에서 1952년 270,000명 이상으로 증가했다.

교육 시스템은 식민지 행정부에서 일자리를 찾은 가나인을 양성했으며 이들 대부분은 공교롭게 가나 독립에 주도적 역할을 했다. 하지만 교육받은 대다수 가나인은 영국 식민 정부에 의탁하는 퇴보적인 추장제에 대해 노골적으로 반대하면서 골드코스트 사회는 심각한 분열을 피할 수 없게 되었다.

2. 골드코스트 민족주의 운동

경제적으로 발전하고, 그에 따른 국민의 권리요구가 정당화

됨에 따라 식민 정부 권력의 중심이 총독과 관리들에서 점차 골드코스트 국민의 손으로 옮겨갔다. 이러한 변화는 강력한 민족주의 정신의 점진적인 발전에서 비롯되었다. 상당수의 아프리카 도시 노동자와 상인, 교육을 받은 소수 엘리트, 1-2차 세계대전에 참전한 전직 군인들이 대중적 지지에 합류했다. 일단 운동이 시작되자 상황은 빠르게 진행되었다. 물론, 민족주의 지도자들은 만족하지는 않았지만, 식민지 정부뿐만 아니라 많은 보수적인 아프리카인들도 놀랄 만큼 진전되었다.

1) 단편적 민족주의 운동

(1) 아샨티 민족주의

가나의 초기 민족주의는 아샨티 민족의 5차에 걸친 영국과의 오랜 전쟁과 저항에서 찾아볼 수 있다. 아샨티 민족은 영국의 식민 침략에 강한 민족적 정체성으로 저항했다. 케이프코스트의 왕 존 애그리(John Aggrey Essien)는 영국의 권력과 관할권에 도전했다. 1865년 주지사에게 보낸 편지에서 그는 케이프코스트가 법의 관점에서 영국의 영토가 아니기 때문에 케이프코스트와 다른 지역의 주민을 영국 신민으로 취급하는 부당함

존 애그리 왕
© The Cultural Encyclopaedia

을 주장했다. 이에 1866년 부지사 콘란(Conran) 대령은 존 애그리 왕을 영국 행정부에 대한 시위 조직 혐의로 시에라리온으로 추방했다.

또한, 아샨티헤네 프렘페 1세는 영국의 보호 제안을 단호히 거부했다. 물론 아샨티가 백인과 우호 관계를 유지하고 그들과 사업하기를 원하는 것은 맞지만, 아샨티 제국이 영국 정부의 정책을 따라야 할 이유가 없다는 것이다. 결국, 영국은 아샨티 민족주의를 와해시키거나 말살하기 위해서 아샨티헤네 프렘페 1세를 세이셸로 추방했다. 특히 아샨티 제국의 섭정 야아 아샨테와아(Yaa Asantewaa, 1840~1921) 여왕은 20세기 초 영국의 식민주의 대항하는 반란을 주도했다. 그녀가 주도하는 반식민주의 전쟁은 영국이 아샨티 민족주의 정신을 말살하기 위해 '황금 의자'를 빼앗으려 하자 벌인 전쟁으로 '황금의자의 전쟁'이라고 한다.

나나 야아 아샨테와아 박물관 내부
© 위키피디아

가나 정부는 2000년 8월, 그녀의 영향력을 기념하기 위해 에지스주아벤(Ejisu-Juaben)에 박물관을 건설하였으며, 아샨테와아의 가치와 여성 리더십을 기리는 'Nana Yaa Asantewaa Awards'(NYA) 라는 공로상을 만들어 시상하고 있다.

(2) 판테 연합(Fante Confederacy)의 저항

판테 민족은 영국에 가장 우호적인 아칸 민족 집단 중 하나다. 영국과 판테 민족은 아샨티 제국의 위협과 침략을 막기 위해 서로 협력했다. 하지만 시간이 지나면서 영국은 보호령이라는 미명으로 점차 판테 민족의 영토를 지배한다. 물론, 지역 통치자에게 내부 통제권을 보장한다고 했지만, 약속은 지켜지지 않았다. 더욱이 영국은 판테 당국과 상의 없이 아샨티 제국과 우호 관계에 있는 네덜란드와 요새를 거래했다. 또한 영국이 판테 추장의 사법권을 찬탈하고 아프리카 법원을 폐지하려 했다. 이에 분개하여 판테 최고 추장들은 그들의 아칸 동맹인 덴키라, 와사(Wassa), 트위포(Twifu), 아신(Assin)의 대표자들과 판테 수도인 만케심(Mankessim)에서 1868년 연합을 결성했다. 이 연합은 아샨티 제국의 위협은 물론, 영국의 정치적 침략에 맞서 스스로 방어해야 할 필요에서 비롯했다. 판테 연합은 1868년 8월 영국으로부터의 독립을 선언했고, 1871년에 성문 헌법, 국회, 군대, 행정 시스템, 사법부를 창설했다. 비록 짧은 시간이었지만, 유럽의 지배에서 자유로운 자치 국가를 수립했다. 그러나 골드코스트 전체 지역을 장악한 영국 식민 정부가 판테 연합 지도자들에게 접근하여 이들을 매수하면서 판테 최고 추장들 사이에 내분이 일어났고, 판테 왕국은 1873년경 골드코스트의 보호령이 되었다.

(3) 원주민권리보호협회(The Gold Coast Aborigines' Rights Protection Society, ARPS).

이 협회(ARPS)는 1897년 5월에 전통 추장, 교육받은 엘리트, 상인들의 연합에 의해 설립했다. 그래프트 존슨(J.W de Graft-Johnson), 윌슨 세이 (Jacob Wilson Sey), 브라운(J.P Brown), 헤이포드(Joseph Ephraim Casely Hayford), 사르바(John Mensah Sarbah) 5명이 공동 창립자로 나섰다. 세이는 초대 회장을 맡았으며, 지도부 대부분은 식민 정부와 협상하기 위해 교육받은 아프리카인으로 구성했다.

| ARPS 초대 회장 윌슨 세이 | ARPS의 연설 |
| © 위키피디아 | © 위키피디아 |

협회의 설립 동기는 1897년 식민지 총독이 개정한 토지법안에 반대하는 것이다. 1894년에 발표된 법안 초안은 모든 미사용 토지, 삼림 및 광물을 영국 왕실에 귀속시키는 것이었다. 이 토지법안으로 식민지 정부는 골드코스트의 공공 토지를 인수할 수 있다. 협회는 전통 사회와 민족 경제를 위협하는 토지법안에 항의하는 시위를 벌였다. 다양한 청원 외에도 1898년에 영국에 대표단을 파견하여 식민지 통치 문제, 특히 토지법안을 논의하기 위해 영국 관리들을 직접 만났다. 이후 토지의 권리와 특권

을 보존하기 위해 추장과 엘리트 사이에 긴밀한 유대관계를 구축하는 데 성공을 했다. 또한, 협회는 '골드 코스트 원주민'(The Gold Coast Aborigines) 출판물을 통해 주민에게 다양한 법안과 조례의 의미에 대해 적극적으로 홍보했다.

물론 협회의 근본적 목적은 식민지 지배를 전복하는 것이 아니라 개혁하려는 데 있었다. 하지만 1차 대전 이후에는 아프리카 지식인이 식민지 행정에 참여할 수 있는 급진적인 헌법 개혁을 요구했다. 당시 협회는 초기의 조직된 아프리카 저항 운동 중 하나로 골드코스트의 정치적 의식 진화의 중대한 분기점이 되었다. 이는 1919년 영국령 서아프리카 국민회의(NCBWA) 또는 1947년 유나이티드 골드코스트회의(UGCC)의 설립을 포함한 이후의 가나 민족주의 운동에 영향을 미쳤다.

(4) 영국령 서아프리카 국민회의(National Congress of British West Africa, NCBWA).

국민회의는 골드코스트와 런던에서 교육받은 변호사이자 원주민권리보호협회(ARPS) 공동 창립자 헤이포드(J.E. Casely-Hayford)와 나이지리아인 아키와데 새비지(Akiwande Savage)가 1920년 3월 아크라에서 결성했다. 헤이포드는 영국에서 1927년 법학 학위와 윤리학 박사학위를 받았고 영국 유학생 시절에 정치에 참여했으며, 아프리카 학생 연합의 회장을 지냈다. 그는 범아프리카 민족주의를 지지한 유명한 판테 골드코스트 저널리스트이자 정치인이었다.

국민회의는 두 가지 면에서 원주민권리보호협회(ARPS) 와는 달랐다. 첫째는 교육받은 엘리트로 구성되었으며, 식민지 체제에 '전통적인 권위'가 편입되는 것에 반대했다. 둘째는 국민회의의 활동과 요구 사항은 골드코스트의 국경을 넘어 다른 영국령 서아프리카 영토로 확대했다. 국가적 자결을 통해 영국으로부터 독립을 추구한 인도 국민회의를 일부 모방한 국민회의(NCBWA)는 골드코스트, 나이지리아, 시에라리온, 감비아의 4개 영국령 서아프리카 식민지 국가와 공동 노력으로 왕립 식민지 시스템을 개혁하려는 서아프리카 최초의 지역 정치 운동이자 범아프리카 운동이었다.

케이슬리-헤이포드
© 위키피디아

서아프리카의 모든 영국 식민지역을 대변한다는 국민회의는 1920년 3월 11일부터 29일까지 아크라에서 회원국 대표 52명을 초대하여 창립 회의를 열었으며 다양한 분야의 개혁을 촉구하는 82개 결의안이 통과시켰다.

중요한 네 가지는 다음과 같다. 첫째는 아프리카인에게 통치자를 임명하고 해임할 권리, 둘째는 영어권 서아프리카 식민지 4곳에 입법위원회 설립. 셋째는 서아프리카에 최소한 하나의 대학 설립, 넷째는 아프리카인에게 투표권 부여 등이다. 각 회원국의 국민회의 지부의 목적은 식민 정부에 지속적인 개혁 압력을 가해 제한적인 헌법 개혁으로 아프리카인들이 자신의 정부에 참여할 수 있게 하는 것이다. 이는 국민회의가 아프리카 엘리트를 통합하여 공동의 대의를 위해 싸우려는 범아프리카주의를 실제 실행으로 옮기려는 시도였다. 불행히도 1930년 헤이포드가 사망하면서 이 운동은 막을 내렸다. 영국 왕실은 소수의 도시화된 아프리카인의 이익만을 대변한다는 이유로 대표단을 받아들이지 않았지만, 지역의 지식인과 민족주의자 간의 정치적 연대의 첫 번째 시도였다. 이 단체의 행동은 국내 아프리카 엘리트들 사이에서 상당한 지지를 불러일으켰다.

(5) 골드코스트 청년 회의(Gold Coast Youth Conference, GCYC).

그래프트-존슨
© 위키피디아

청년 회의는 1930년 당시 아크라 식민지 사무국 원주민 사무국장이었던 그래프트-존슨(J.C. de Graft-Johnson)과 아치모타(Achimota) 대학의 아테코 (K. Brakatu Ateko), 단콰 (Danquah)가 주요 추진자였다. 런던의 서아프리카 학생 연합 (West African Students' Union, WASU) 부회장을 역임한 사무총장 단콰는 가나가 직면한 문제를 논의하기 위해 전국적 청년 연합 창설을 촉구했다. 청년 대부분은 사무직 근로자, 선교 학교의 교사, 식민지 공무원들로 초기에는 문학 및 사회단체로 비정치적 조직이었다. 따라서 법에 따라 관리되는 법인체가 아니었다. 기껏해야 국가에 공통된 관심사에 대해 모여서 논의하는 것일 뿐이었다. 청년 회의는 단순히 전국에서 모인 다양한 자발적 협회의 모임이지만, 골드코스트의 추장과 사람들의 사회적, 경제적 복지에 대한 논의의 장을 제공했다.

골드코스트 청년 회의(GCYC)의 첫 번째 주요 목표는 추장과 지식인 간의 갈등과 단절을 치유하고 청년을 하나로 모으는 것이었다. 또한 청년들이 국가 문제에 대해 의견 나누고, 국가 발전에 동참하게 하는 것이다. 이 회의는 아샨티헤네와 아샨티 연방 위원회가 아샨티와 식민지를 단일 입법위원회로 통합하는 1946년 골드코스트 헌법 수용을 옹호했다. 그러나 청년회의가 점차 고학력자와 추장만의 운동이 되면서 청년들이 떠났다. 비록 실패했지만, 이 운동은 지식인(소수 전문가와 사업가 계층)과 교육받은 청년 간의 파트너십을 구축하여 '새로운 청년 정신'을 창출하려는 시도였다.

이러한 민족주의 운동은 대중적 지지로 쉽게 이어지지는 않았고, 대부분 일부 지식인과 추장들이 단편적이고 지엽적인 방법으로 식민지 정부에 대항했다. 하지만 이후, 교육받은 엘리트의 성장과 함께 식민지 통치에 대한 반대하는 민족주의 운동은 정당 중심으로 조직되는 데 영향을 미쳤다.

1) 정당 민족주의 운동

1948년 2월 폭동을 계기로 가나에서는 자치를 목적으로 하는 민족주의 운동이 여러 정당을 통해 전개되기 시작했다. 더는 지역적 권리 주장이나 개인의 처우개선이 아닌 독립된 국가 개념의 민족주의 운동이 본격화한다.

> 제2차 세계 대전이 끝날 무렵, 골드 코스트(현재의 가나)에서는 식품 및 소비재가 너무 부족했고, 가격이 너무 높아 대부분 국민이 생계를 감당할 수 없게 되었다. 영국 당국은 소극적인 태도를 유지하여 간접적으로 대중의 불만이 커지는 데 일조했다. 그 결과, 1948년 1월 골드 코스트에서 유럽 상품을 보이콧하는 평화적인 대규모 캠페인이 시작되었다. 그러나 경찰이 시위대에 발포한 후, 시위는 아크라(수도)에서 며칠 후 주요 도시로 확산한 폭력적인 폭동으로 변했다. 더욱이 연금을 제대로 받지 못한 전직 군인들은 영국 정부의 허가하에 수많은 시민과 함께 행진하며 주지사와의 면담을 요구했다. 하지만 주지사가 시위대가 던진 돌에 부상하자 경찰은 군중에게 발포하여 2명을 사살하고 5명을 다치게 했다. 폭동은 순식간에 주요 도시로 퍼져 3월 초까지 이어졌다. 3월 중순경, 사상자는 29명으로 늘었고 부상자는 230명이 되었다. 이로써 골드코스트 민족주의 세력과 식민지 당국 간의 힘겨루기가 본격적으로 시작되었다.

(1) 보수주의, 유나이티드 골드코스트회의(United Gold Coast Convention, UGCC)

골드코스트회의는 독립을 위해 결성된 최초의 대규모 민족주의 정당이며, 아프리카 상인들이 불공정한 식민지 관행으로부터 상업적 이익을 보장하기 위해 상인 조지 알프레드 그랜트(George Alfred Grant)의 제안으로 결성되었다. 수개월간의 준비 끝에 1947년 8월 4일에 공식 출범했다. 회장은 앨프레드 그랜트, 부회장은 단콰(Danquah) 및 블레이(Samuel Robert Blay)가 맡았다. 이외 지도층으로 아쿠포-아도(Edward Akuffo Addo), 드 그라프트 존슨(J. W. de Graft Johnson), 오베체비-램프티(Emmanuel Odarkwei Obetsebi Lamptey) 등이 창립자로 참여했다.

골드코스트회의는 복지를 명시적으로 요구한 최초의 정치 조직이었다. 실질적인 지도자인 단콰는 1921년 런던 대학에서 법학을 공부했고, 1926년에 영국 변호사 협회에서 변호사 자격을 취득하였으며 1931년에 일간지인 '타임스 오브 웨스트 아프리카'(Times of West Africa)를 창간하여 독립을 위한 민족주의 운동을 시작했다.

조셉 보아키 댄콰
© 위키피디아

골드코스트청년회의(GCYC)의 사무총장이었던 단콰는 1946년 입법위원회에 선출되었다. 당은 조직적 독립을 추진하기 위해 콰메 은크루마(Francis Kwame Nkrumah)를 초대 사무총장으로 초대했다.

특히 당 지도부는 입법위원회의 수장을 교육받은 사람들로 교체할 것을 요구했다. 그들은 조국을 새로운 시대로 이끄는 것이 자신들의 책임이라고 믿었다. 따라서 그들은 자신들의 교육 경력을 고려하여 식민지 행정부가 자신들을 존중하고, 책임 있는 지위를 부여할 것을 요구했다. 그러나 골드코스트회의는 식민지 행정부에 반대 목소리를 내면서도 지도부가 급진적이거나 혁명적인 변화보다는 영국 식민지 지배의 틀 내에서 헌법 개혁과 자치를 추구한다는 점에서 보수적이다. 특히 지도부는 1948년 3월 시위에 직접 참여하지는 않았지만, 골드코스트 자치 정부를 위해 식민 당국이 제안한 헌법 개혁 위원회에 적극 참여했다.

이러한 당 정책 방향을 정면으로 비판한 사무총장 은크루마는 헌법 개혁 위원회에 참여를 거부하고 '즉각적인 독립'을 추구하는 급진적 노선을 택했다. 특히 은크루마는 청년지도부가 중심이 된 아크라 시위에 적극 참여했다. 영국 식민 당국의 억압 정책에 항의한 이 시위는 쿠마시, 세콘디-타코라디 등으로 확산하였다. 영국 식민 정부는 은크루마를 다른 지도자들과 함께 두 달 동안 투옥했다. 반면, 골드코스트회의는 은크루마를 당 사무총장직에서 해임했다.

(2) 급진주의, 인민회의당(Convention People's Party, CPP)

유나이티드골드코스트회의(UGCC) 사무총장에서 해임된 은크루마는 '즉각적인 독립'을 목적으로 인민회의당을 1949년 6월 12일 아크라에서 결성한다. 은크루마는 보시오(Kojo Botsio), 베데마(K. A. Gbedemah), 그리고 '베란다 소년'(Verandah boys)으로 알려진 젊은이들로 당 지도부를 구성했다.

> '베란다 소년'은 일자리를 찾을 수 없고, 집도 없어 밤에는 무역소의 베란다에서 잠을 자는 청년들에 대한 조롱 섞인 별명이다. 하지만 가나 사람이라면 누구나 알고 있는 용어로 가나 정치 용어에서 여전히 독특한 요소로 남아 있다. 정치 분석가들은 '베란다 소년'을 동원하지 못하면 선거에서 이길 수 없다고도 했다.

당은 아샨티 전통주의와 관련된 보수층(토지 및 집 소유자 보수지식인, 추장 등)에 맞서 지식인보다는 도시 노동자, 농부, 청년 그리고 시장 여성층을 공략했다. 일부 전직 군인, 언론인, 초등학교 교사 등도 있었지만 소수였다. 이들 지지자는 인민회의당에 자신들의 희망을 걸 수 있을 것으로 보았다.

독립운동가 콰메 은크루마
© 위키피디아

1948년 3월 시위에 참여하며 대중의 지지를 받은 은크루마는 영국 식민 정부와 직접적인 폭력을 피하는 비폭력 시민 불복종 운동과 1950년 1월 8일 노동조합의 총파업을 통해 식민 정부의 변화와 정치적 양보를 유도하고 대중적 지지를 끌어내는 전략을 취했다. 은크루마는 투옥되었지만, 지도자가 없는 인민회의당은 1950년 4월 아크라 시의회 선거에서 7석을 모두 차지했다. 그리고 1951년 2월 8일 입법 선거에서 당은 전체 84석 중 투표로 선출되는 38석에서 34석을 차지하며 승리하였다. 특히 골드코스트 의회(이전 입법위원회)

의 투표 연령을 25세에서 21세로 낮춘 것에 동의한 것이 승리의 중요한 요인이었다.

예상치 못한 선거 결과에 당황한 식민 총독 찰스 아덴 클라크(Charles Arden-Clarke) 경은 1952년 은크루마를 석방하고 총리로 임명했다. 하지만 국방부, 외무부, 재무부, 법무부는 영국 관리들에 의해 통제되고 있었고, 골드코스트 의회에 상당수의 전통 추장이 대표할 수 있도록 했다. 이는 추장 정치에 반대해 온 현대 정치 지도자와 추장 협의회의 전통적인 권위 사이의 분열 요인이 되었다.

골드코스트 회의를 장악한 인민회의당은 1954년 새 헌법을 통해 추장 평의회에 의한 의원 선출을 폐지했고 중앙집권화 정책을 추진한다. 이에 아샨티와 북부의 보수적인 민족 세력은 의회 체제로의 전환을 요구하고 중앙집권화에 반대한다. 또한, 골드코스트는 영연방 내에서 자치 정부를 요구했다.

반면, 1956년 8월 3일, 은크루마는 골드코스트 회의에 영연방 내에서 독립을 위한 동의안을 제출했는데 만장일치로 수락되었다. 이에 식민 당국은 인민회의당의 즉각적인 독립 요구에 대한 대중의 지지를 다시 확인하기 위해 골드코스트 회의를 해산했

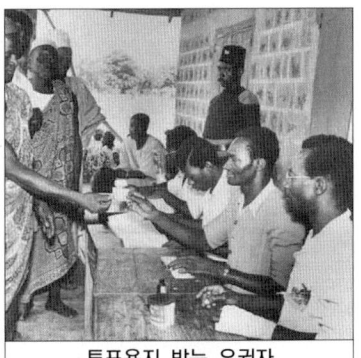

투표용지 받는 유권자
ⓒ 위키피디아

다. 그리고 새로운 입법부가 3분의 2 이상의 과반수로 독립을

요청하면 수락하기로 했다. 1956년 7월에 골드코스트 정치사에서 아주 중대한 선거가 치러졌다. 이 치열한 선거에서 인민회의당은 야당의 분열로 인해 104석 중 71석을 차지했다. 정부 구성에 초대된 은크루마는 7명의 장관 중 당에서 5명, 아샨티 지역과 북부에서 각 1명을 선택했다. 1956년 9월 18일 영국 정부는 1957년 3월 6일을 '가나 독립' 예정일로 발표했다.

(3) 연방주의, 민족해방운동(National Liberation Movement, NLM)

아샨티를 기반으로 한 민족해방운동은 인민회의당(CPP)의 중앙집권화에 반대해 1954년 결성되었다. 코피 부시아(Kofi Abrefa Busia)는 전통적 지도체제인 추장의 권한과 각 지역이 중앙 정부에서 발언권을 가질 수 있는 연방 정부 형태의 정부를 요구했다. 인민회의당(CPP)이 집권한 이후로 추장들의 권력과 특권이 침식되었으며 1952년부터 추장 협의회의 세금 업무는 새로운 지방 정부로 대체되었다. 이에 아샨티 협의회와 지방 공동 추장 협의회는 1953년에 골드코스트 의회에 청원했지만, 다수 의석을 차지한 인민회의당은 거부했다. 이에 따라 두 당 간의 마찰은 폭력 사태로 이어졌다.

반면, 민족해방운동 지지자는 빠르게 늘어나 2만 여명이 되었다. 특히 중재하려던 아덴-클라크 주지사가 쿠마시를 방문했지만, 인민회의당(CPP)에 대한 편파적인 지지로 의심한 난폭한 폭도들에 의해 사망했다. 더욱이 은크루마는 아크라에서 열린 집회에서 민족해방운동은 제국주의자들과 반동 세력들이 일부 추장들과 불만을 품고 야당 정치인들을 모아 대중이 선출한 정부를 약화하려는 또 다른 시도라고 공개적으로 비난했다. 이에 민족해방운동의 당 지도자들은 은크루마의 독재를 비판하며, 다른 지역의 단체인 북부 인민당(Northern People's Pary, NNP)과 연대하여 은크루마 정부에 대항했다.

코피 부시아 © 위키피디아

더욱이 정부가 코코아 농부에게 지급되는 가격을 안정화하기 위해 코코아 세금 및 개발 기금 법안을 통과시켰는데, 이 법안은 코코아 농부에게 지급되는 가격을 60파운드당 72실링으로 고정했다. 하지만 전국의 코코아 농부들은 인민회의당(CPP)이 선거 공약에서 가격 인상을 약속했기 때문에 더욱 분노했다. 이러한 분노는 전국 코코아 생산의 거의 절반을 차지하는 아샨티 지역에서 두드러졌고 연방 정부 형태의 요구는 더 커졌다. 특히 민족 해방 운동(NLM) 부시아와 사무총장 암폰사(Reginald Reynolds Amponsah)는 런던으로 건너가 정부에 지역 요구를 전달했다. 이는 곧 은크루마 정부의 위기로 다가왔다. 왜냐하면 영국이 이러한 분열을 빌미로 가나가 아직 자치 단계를 준비하지 못했다는 인상을 받을 수 있기 때문이다.

그러나 이러한 우려는 1956년 7월 골드코스트 의회 선거에서 집권당 인민회의당(CPP)이 104개 의석 중 3분의 2를 차지하면서 사라졌다. 2년 간의 소요와 폭력에도 불구하고 아샨티 지역에서 21개 의석 중 8석을 차지했고, 가장 보수적인 북부 지역에서도 26개 의석 중 11석을 차지했다. 그럼에도 골드코스트 독립을 위한 개정 헌법 제안이 발표되었을 때, 아샨티 지역에서 분리를 요구하는 목소리가 다시 터져 나왔다. 특히 1957년 1월에 영국 장관의 방문으로 연방주의가 고무되었으나 정부 책임자가 된 은크루마의 단호한 반대로 무산되었고, 골드코스트는 1957년 3월 6일 독립을 맞이하게 된다.

이외에도 1952년 5월, 유나이티드 골드코스트 회의(UGCC)의 잔당 세력과 인민회의당(CPP)에서 추방된 사람들이 부시아를 중심으로 가나 의회당(Ghana Congress Party, GCP)을 결성했다. 1954년 북부인들은 남부의 급진주의자에게 지배당하는 것을 방지하고자 북부인민당을 창당했다. 이와 유사한 동기로 식민지의 주요 도시에 사는 무슬림들이 1932년 복지 및 사회 협회로 설립된 골드코스트 무슬림 협회를 1954년에 무슬림 협회당(Muslim Association Party, MAP)으로 바꾸었다. 1957년에 연합당에 가입한 무슬림 협회당은 은크루마 집권당에 반대했다.

골드코스트의 민족주의 운동은 당시에 여전히 식민 지배 상태에 있는 사하라 이남 아프리카 국가들의 독립운동에 영향을 미쳤다. 예를 들어, 프랑스는 불어권 아프리카 식민지를 프랑스-아프리카 공동체로 통합하려는 시도가 있었지만, 가나 독립에 영향을 받은 기니(Guinée)는 프랑스 공동체에서 탈퇴하고

1958년 독립한다. 이후 1960년 1월 1일 카메룬을 시작으로 불어권 아프리카 국가들은 프랑스-아프리카 공동체를 거부하고 독립하기 시작했다.

제5장 사하라 이남 아프리카의 최초 독립 국가

1. 초대 대통령, 콰메 은크루마와 독재 시대 (1957-1966)

골드코스트로 알려진 영국의 식민지 가나는 1957년 3월 6일 독립을 선언하면서 80여 년 간의 영국의 식민 지배에서 벗어났다. 영국 국기 유니언 잭(Union Jag)이 내려가고 중앙에 검은 별이 있는 빨간색, 노란색, 녹색 깃발이 게양되었다. 골드코스트는 지금의 '가나(Ghana)'로 국명을 변경했다.

가나 국기와 영국 국기 © 위키피디아

독립과 동시에 콰메 은크루마는 독재적인 법을 통해 강한 정부를 만드는 데 착수했다. 특히 다수 의석을 차지한 인민회의당(CPP)은 필요하면 헌법과 모든 법을 개정할 수 있는 힘을 갖게 되었다.

1957년 7월, 정부는 추방법을 통과시키고 쿠마시의 무슬림 혁명당(MAP) 지도자 2명과 국내에서 은크루마 정부를 비판하거나 반대하는 시리아인 및 레바논인을 추방했다. 비아프리카 상인들은 1948년 시위에서 아프리카 상권을 독점한다는 이유로 비난 대상이 되었다. 또한, 12월 정부는 지역, 민족 또는 종교에 기반한 정당 활동을 금지하는 법을 통과시켰다. 이어서 1958년 7월에는 예방 구금법(Preventive Detention Act)을 발표했다. 이 법으로 국가와 외교 안보를 위협하는 행동은 재판 없이 최대 5년 동안 구금할 수 있다. 같은 해 수시로 정부를 비판해 온 독립적인 협동조합들의 활동을 금지하고, 가나협동조합 연합(Alliance of Ghana Co-operatives)을 창설하여 당의 통제하에 두었다.

1대 대통령 은크루마 동상
ⓒ 위키피디아

야당과 반사회운동의 발을 묶어 놓은 은크루마는 연방 체제를 주장하는 지역 기관 또는 추장의 권한을 국회에서 완전히 폐지하였다. 이것은 독립 이전부터 은크루마의 정치 신념이었다. 특히 은크루마 정부는 선거에서 지역 세력들이 지역 의회를 장악하자 1959년 지역 기관의 권한 또는 추장의 특권 조항을 제거하는 법안을 통과시켰다.

이로써 지역 의회는 거의 폐업 수준에 들어갔다. 물론 추장들을 정부에서 완전히 제외한 것은 아니다. 정부에 순종적인 지역 추장들은 제한적이지만 그들의 권한을 행사할 수 있었다. 하지만 거의 형식적인 수준이다. 더는 가나에서 은크루마 정부를 적대할 수 있는 합법적인 정치·사회세력을 찾아볼 수 없게 되었다.

정부는 각종 독재법을 통해 반대자들을 침묵시키는 데 성공하자 1960년 7월 1일 새로운 헌법을 채택하여 총리 중심의 의원내각제를 대통령 중심제로 바꾸었다. 야당과 시민에 대한 정치적 통제는 더 강해졌다. 1960년 8월, 정부는 신문과 기타 출판물에 대한 사전 검열제를 도입하여 정부 비판 여론을 사전에 차단했다. 특히 1962년 8월과 1964년 1월 두 차례의 암살 테러를 모면한 은크루마는 측근 누구도 믿지 않고, 어떠한 비판도 용인하지 않는다. 또한, 사법부 독립을 제한하고, 대통령이 모든 판사를 해임할 수 있게 헌법을 개정했다.

1964년 1월 26일, 은크루마는 일당 독재 정권을 수립한다. 수 세기 동안의 전쟁과 노예무역의 상처로 인한 적대적인 역사적 환경으로 지역 또는 민족 지향의 정당 출현은 국민 통합과 경제 발전의 걸림돌이라 여기고 일당제를 채택한다. 당이 가나이고, 국가다. 그리고 같은 해에 자신을 종신 대통령으로 선포했다. 추종자들은 은크루마를 '오사계포'(Osagyefo, 아칸어로 '구원자')라고 칭하며 따랐고, 정부는 제국주의적이고 신식민주의적인 보이스카우트 운동을 가나 '청년 개척자'(Ghana Young Pioneers)로 대체하여 은크루마를 추종케 하였다.

대부분 아프리카 국가와 마찬가지로 독립 이후 10여 년은 국민통합과 경제 발전의 격동기였다. 가나 정부는 경제 발전을 목적으로 강력한 권력을 이용하였다. 그나마 가나가 1957년 영국으로부터 독립했을 때, 경제는 안정적이고 번영하는 것처럼 보였다. 가나는 세계 최대의 코코아 생산국이었고, 무역을 위한 잘 발달한 인프라를 자랑했으며, 비교적 진보된 교육 시스템을 갖추고 있었다. 하지만 코코아 국제가격이 1톤당 490달러라는 재앙 수준으로 떨어졌으며, 국가는 수입 부족을 메우기 위해 소득세 및 정부 서비스 비용과 수입 관세를 인상했다.

이에 따라 국민의 생필품 부족 현상이 나타났다. 설탕, 쌀, 우유, 밀가루, 비누, 약물, 자동차 예비 부품과 같은 필수품을 쉽게 구할 수 없었다. 가격의 급격한 상승과 사재기가 뒤따랐다. 결국, 가나는 필요한 기본 품목을 수입하기 위해 유럽의 금융기관에서 엄청나게 비싼 단기 대출을 받아야 했다. 1957년에 5억 달러에 가까웠던 대외 준비금은 1965년까지 150만 달러 미만으로 떨어졌다. 가나의 공공 부채는 GDP의 60%를 차지했으며, 외채는 30%로 증가했다.

아코솜보 댐 © 위키피디아

그럼에도 은크루마는 사회주의 정책을 통해 경제를 빠르게 변화시켜 탈 신식민주의에서 벗어날 수 있다고 여겼다. 1962년 새로운 산업과 농업 프로젝트에 대한 새로운 투자를 유도하고 산업, 금융, 농업 등 경제산업 전반에 대한 대대적인 국유화와 긴축 예산을 발표했다. 건설 자금의 50%가 해외자본이고 은크루마의 주력 사업인 아코솜보(Akosombo) 댐 프로젝트는 제외되었다. 1965년까지 40여 개의 국영 기업이 만들어졌다. 그리고 정부는 세금을 인상했다. 더욱이 경제가 어려운데 저축을 강제하자 시민들은 거리 시위를 벌였고, 노동자들의 파업으로 경제는 더 안 좋아졌다.

특히 1960년대 중반 코코아 국제가격이 더 하락하자 정부의 마케팅 위원회가 코코아 농민에게 지불하는 가격을 낮추었다. 정부에 온건적이었던 농민과 노동자들이 비판적으로 돌아섰다. 더욱이 정부가 노동자들의 임금을 동결하자 임금과 노동 환경 개선을 요구하며 파업으로 대항했다. 사회주의 체제에서 농민과 노동자는 핵심 계층이다. 그럼에도 은크루마 정부는 반대 의견을 용납하지 않는 권위적 태도로 일관했다.

은크루마는 1965년 6월 대선에서 '단일' 후보로 나와 대통령에 재선된다. 합법적이고 공개적으로 은크루마에게 대항할 지도자와 정치세력이 가나 국내에는 더는 존재하지 않았다. 이에 대해 데이비드 루니(David Rooney) 교수는 '콰메 은크루마. 비전과 비극(Kwame Nkrumah, Vision and Tragedy)' 저서에서 '독단주의자들은 마르크스주의자보다 더 마르크스주의자였고 은크루마주의자보다 더 은크루마적이었다.'고 한다. 하지만 영원할 것 같았던 그의 권력은 오래가지 못했다.

은크루마는 1966년 2월 24일 중국 방문 중 어떠한 저항도 없이 군 쿠데타로 축출되었다. 200만 명의 당원과 50만 명의 무장 세력을

중국 주석 주은래의 가나 방문
© 위키피디아

가진 집권당은 저항하지 않았고, 당은 단 한 번의 라디오 발표로 해산되었다. 심지어 은크루마와 함께 중국으로 간 74명의 대표단조차도 전직 지도자를 버렸다.

은크루마는 친구인 세쿠 투레(Sékou Touré)가 대통령으로 있는 기니로 피신하였으며, 가나 국민에게는 아무런 의미가 없는 기니의 명예 공동 대통령이 되었다. 기니에서 은크루마는 포기하지 않고 자신의 사회주의 혁명 이론과 아프리카 통합에 관한 책을 집필하며 보내다가 1972년 4월 27일 사망한다.

> 은크루마는 1909년 9월 21일 가나 은크로풀(Nkroful)에서 태어나 하프 아신과 아치모타(Half Assini and Achimota)의 가톨릭 학교에서 교육받았다. 영국과 미국 링컨 대학교와 펜실베이니아 대학교에서 경제학과 사회학을 공부했으며, 영국으로 건너가 법학을 공부했다.
>
> 미국에서 은크루마는 캐나다와 미국의 아프리카 학생 대표로 선출되었으며 그곳에서 서인도 제도 출신의 조지 패드모어(George Padmore)와 아프리카계 미국인 듀보이스(W.E.B. Du Bois)와 같은 반식민주의자와 지식인을 만났다. 더욱이 마커스 가비(Marcus Garvey)의 범아프리카주의 사상에 영향을 받았다. 1943년에 젊은 은크루마는 그의 첫 번째 반식민주의 팸플릿 '식민의 자유를 향하여'(Towards Colonial Freedom)를 출판했다. 이 책에서 은크루마는 서구 착취의 원천을 분석하고 그것이 식민 억압의 도구라는 것을 비난하였다.
>
> 가나의 독립운동가이자 범아프리카주의 정치인으로서 그는 1957년부터 1960년까지 총리, 1960년부터 1966년까지 대통령으로 독립 가나를 이끌었다. 그러나 그의 과격한 변혁과 독재 권력은 쿠데타로 끝나고 긴 시간을 외국에서 보내야 했다. 그럼에도 은크루마는 아프리카 통합의 주요 사상가로 여전히 기억되고 있다. 가나 독립의 아버지 은크루마는 1972년 4월 27일 기니 코나크리에서 사망한다. 유해는 가나로 옮겨져 은크로풀 고향에 안장되었다.

2. 범아프리카주의(Pan-africanism)

범아프리카주의는 아프리카 민족주의 운동의 기반을 만들어 주었다. 다양한 범아프리카 단체가 유엔에서 압력단체로 활동하기 시작했다. 아프리카계 미국인 마커스 가비에 의해 1920년에 시작된 범아프리카주의는 유럽 식민 지배에 있는 아프리카 국가들의 민족주의 운동에 많은 영향을 미쳤다. 1884년 베를린 회의는 아프리카 문화, 언어, 민족, 역사 등을 전혀 고려하지 않고-최소한 이집트, 에티오피아 그리고 마그레브 국가(모로코, 튀니지, 알제리)들 제외-자신들의 이해관계에 의해서 인위적으로 국경을 만들었다.

대부분 국가에는 적게는 50여 개, 많게는 450개 이상의 언어를 사용하는 민족이 살고 있었다. 제2차 세계 대전 이전까지 이들 대부분은 유럽이 만들어 준 국적보다는 자신들의 민족에 대한 소속감이 더 강했다. 따라서 일부 국가를 제외하고 전국민적 독립운동은 현실적으로 어려웠다.

이러한 점에서 범아프리카주의는 다양한 문화 및 언어, 경제, 지리적 환경에 있는 아프리카인이 자신들의 아프리카 정체성과 반식민주의를 통해 어느 정도의 공감대를 형성할 수 있었다. 이는 대중적 동원이 없어도 아프리카라는 정체성으로 유럽 식민 지배에 대항할 수 있는 이념이 되었고, 아프리카 민족주의 운동가들이 효율적으로 독립운동을 전개하는 방법이었다. 독립 이후에도 신식민주의로부터 탈출하는 이념으로 선호되었다.

| 범아프리카주의 깃발 © 위키피디아 | 마커스 가비 © Histoire générale de l'Afrique VII |

 은크루마는 맨체스터 범아프리카 회의의 주요 인물인 조지 패드모어와 1945년 제6차 맨체스터 범아프리카 회의(Pan-African Congress)를 조직했다. 1953년 쿠마시 그리고 1958년 아프리카 최초의 독립 국가 회의라고 할 수 있는 아크라에서 범아프리카 회의를 개최했다. 또한 제국주의와 식민지주의로부터 아프리카의 해방을 가속할 목적으로 아프리카 인민회의를 열었다. 이 회의에는 여전히 식민지 상태에 있는 28개 아프리카 국가의 62개 민족주의 조직과 정당에서 온 200명 이상의 대표단이 참여했다.

 가나가 흑인 아프리카 국가 중 최초로 독립한 최초 국가라는 점에서 은크루마는 아프리카 대륙에서 자본주의 이익에 맞서는 투쟁에서 중요한 역할을 해야 한다고 독립 직후부터 강조해 왔다. 특히 대륙적 차원에서 범아프리카주의를 바탕으로 아프리카를 통합하여 국제적으로 경제적 이익을 방어하고, 냉전의 결과로 생긴 동서 진영의 정치적 압력에 맞서야 함을 강조했다.

은크루마는 항상 아프리카 통합에 열정적인 관심을 가졌고, 이 목표를 추구한 것은 그의 이념적 급진화를 증가시키는 데 영향을 미쳤다.

그러나 은크루마의 범아프리카주의는 1960년대 아프리카 국가들이 점차 식민 지배에서 벗어나면서 크게 반영되지 못했다. 특히 그의 급진적인 사회주의 경향이 더욱 그랬다. 이는 아프리카 국가들이 각기 완전한 해방과 발전을 추구 방법이 다르기 때문이다. 일부 국가는 자본주의적 발전을 모색했다면, 일부는 사회주의적 발전을 모색하고, 일부 국가는 중도노선 택했다.

Union African States 깃발
© 위키피디아

1960년 가나, 기니, 말리 세 국가는 아프리카국가연합(Union African States, UAS) 출범을 위해 연합의 14개 조항을 요약한 헌장을 발표했으며 은크루마를 대통령으로 선출했다. 이로써 가나는 새로운 범아프리카주의의 최전선이 되었다. 이 연합은 일부분이지만, 영국과 프랑스의 이전 식민지를 하나로 모은 최초의 아프리카 조직이었다. 그러나 회원국 간에 공동 통화 정책과 통일된 외교 정책은 어느 회원국에서도 시행되지 않았다. 또한, 이 연합은 아프리카의 모든 독립 국가에 개방되었지만 1960년 이후 가입한 국가가 없다.

그런데 반식민주의의 은크루마 범아프리카주의는 이전 식민지 강국 및 서방과의 관계에서는 보수적이다. 은크루마는 가나가 산업화에 필요한 경제적 지원이 구 식민지 지배 국가와 서방 국가에서 올 수밖에 없다는 것을 알고 있었기 때문에 그들을 무조건 적대시할 여유가 없었다.

은크루마는 가나가 독립공화국이 된 후에도 모든 영연방 회의에 참석했다. 심지어 인종차별 정책(아파르트헤이트, Apartheid)을 하는 남아공 백인 정부와 우호 관계를 유지했다. 또한, 은크루마는 원조를 받기 위해 캐나다, 영국, 미국을 방문했다. 더는 은크루마의 범아프리카주의에서는 과거 급진적인 반 신식민주의와 반 제국주의에 대한 면모를 찾기 어렵다. 더욱이 그의 애매한 비동맹주의는 이러한 부분에서 확연히 나타났다. 볼타 강 프로젝트에 대한 서방의 자금 지원 확보도 그렇지만, 1960년 소련(현 러시아) 방문과 1961년 초 레오니드 브레즈네프(Leonid Brezhnev) 소련 서기장의 가나 방문 그리고 1961년 이후 동구권 국가의 방문이 이를 입증한다.

은크루마 대통령의 미국 방문
© UN Photo

은크루마는 1963년 3월 아프리카단결기구(Organisation of African Unity, OAU) 헌장 초안 작성에 적극적으로 참여했다. 하지만 은크루마가 추구하고자 하는 범아프리카주의 공동체는 1959년 강력한 단결과 경제·사회적 혁명을 강조하는 카사

블랑카그룹(Casablanca Bloc: 기니, 가나, 말리, 모로코, 이집트, 알제리)과 국내문제 해결을 우선 강조하는 몬로비아 그룹(Monrovia Bloc: 나이지리아, 라이베리아, 세네갈, 카메룬 등 20개 국가)으로 분열된다. 후자는 1963년 느슨한 연합의 범아프리카주의 공동체인 아프리카단결기구(OAU)가 출범하는 데 결정적인 영향을 미친다.

제6장 혼돈의 13년

1. 최초 군정과 제2공화국(1966~1969)

독립 직후 아프리카뿐만 아니라 아시아 및 남미 개발도상국 대부분에서는 시민사회를 대체할 만한 비정치적 집단은 거의 없다. 반면, 군은 신생 국가에서 가장 큰 비정치적 집단일 뿐만 아니라 상대를 제압할 수 있는 무기를 합법적으로 소유하고 있으며 체계적인 집단 활동이 가능하다. 독립 초기의 대부분 아프리카에는 정부를 감시할 수 있는 시민사회와 정당이 일당제 혹은 군사정권으로 부재했다. 민간 통치엘리트의 실패를 견제하고 감시할 수 있는 유일한 집단은 군이다. 그러나 '지키는 자를 지킬 수 없는' 아프리카 사회에서 군부는 민간 정부의 실정을 바로 잡겠다는 목적으로 발 빠르게 정치에 개입했다.

2대 대통령 조셉 아서 안크라
© 위키피디아

1966년 2월 24일 아콰시 아프리파(Akwasi Amankwaa Afrifa) 소령은 에마누엘 콰시 코토카(Emmanuel Kwasi Kotoka)와 함께 작전명 '콜드 찹'(Operation Cold Chop)으로 쿠데타를 일으켜 은크루마 정권을 전복했다. 독립 이후의 여러 차례 군 쿠데타 시도 이후, 가나에서 성공한 최초의 군 쿠데타다. 방송국과 공항 등 주요 관공서를 장악한 군부는 4명의 군 장교와 4명의 경찰로 구성된 국가해방위원회(National Liberation Council, NLC)를 조직하고, 1965년 은크루마가 사령관에서 해임한 안크라(Joseph Arther Ankrah) 중장을 의장으로 하여 정부를 장악하였다. 국가해방위원회(NLC)는 가능한 빨리 민주 정부를 회복하겠다고 약속했다. 쿠데타의 명분은 은크루마 정부의 심각한 가나 경제 위기, 감당할 수 없는 대외 부채, 국가 준비금 고갈, 실업, 통화 평가절하 및 코코아 가격 하락 등이다. 하지만 은크루마 정부의 독재정치로 인한 군의 불만도 일부 작용했다. 특히 은크루마가 자신의 경비연대와 인민민병대를 만들어 군대를 휘하에 두려는 것에 반대한 군 지휘관 해임이 군의 불만으로 작용했다.

군부는 헌법을 정지하고 국회를 해산한다. 그리고 모든 정당 활동도 금지했다. 이후 예방 구금으로 갇힌 죄수들을 석방했으며, 은크루마 정부에 반대하여 망명한 인사들의 귀국을 허락했다. 이로써 군부에 의한 제2공화국이 출범했고, 안크라는 큰 저항 없이 제2대 대통령으로 취임했다. 안크라는 국가조직, 법률, 정치 및 경제 문제를 대대적으로 정리하기 위해 국가 관료제를 개편했고, 제한적인 재정 정책을 시행했다.

경제 부분에서 소규모 소매, 도매, 채굴, 가공, 제조 및 운송 기업을 가나인으로 제한하는 1968년 '가나 기업령', 이민 통제, 연 소득이 468달러 미만 국민의 소득세 면제, 농부에게 지불하는 코코아 가격 인상 등의 포퓰리즘 정책을 펼쳤다. 하지만 경제 상황은 좀처럼 나아지지 않았다. 결국, 1967년 가나 화폐 세디(cedi)를 평가절하했는데, 오히려 수입은 증가하고, 수출은 줄었다. 더불어 인플레이션은 더 높아졌고, 외채가 증가하여 부채 상환에 더 많은 부담을 주었다. 더욱이 코코아 생산의 감소로 1966년 국민총생산(GNP)은 겨우 0.6% 성장했지만, 인구는 연간 약 2.4%로 증가했다.

안크라는 IMF의 요구로 국영 기업의 인력을 감축하였지만, 실업이 증가하고 파업이 잇따랐다. 1966년에는 32건, 1967년에는 27건, 1968년에는 36건, 안크라 군정 통치의 마지막 해인 1969년에는 51건의 파업이 일어났다. 특히 1969년 오부아시(Obuasi) 금광 노동자들의 폭력적 파업에 대한 경찰의 발포로 여러 광부가 사망하면서 국민적 공분을 샀다.

국제관계에서는 영국과 외교 관계를 다시 수립했다. 안크라는 인민회의(CPP)의 사회주의 정책을 지우는 데 전념했지만, 가나가 사회주의 국가라는 점에서 서방 국가와의 관계는 빠르게 진전되지 않았다. 반면, 이웃 국가인 토고, 부르키나파소, 코트디부아르와는 국경을 개방하며 이웃 국가 간의 긴장 관계 어느 정도 해소했다.

하지만 국민과 약속한 민간 정부로의 권력 이양은 여전히 이루어지지 않았다. 정부에 불만이 있는 일부 군의 또 다른 쿠데타가 1967년 4월과 1968년 두 차례 있었지만, 실패했다. 더딘 경제 회복, 계속되는 노동자 파업, 두 차례의 군 쿠데타 시도 등의 국정 운영 실패와 함께 안크라 대통령은 나이지리아 사업가인 아서 은제리베(Arthur Nzeribe)와 관련한 뇌물 스캔들에

연루되어 1969년 4월 2일 3년 만에 물러났다. 조사 위원회는 안크라가 은제리베로부터 6백만 세디를 받았는데 이것이 투표 결과에 영향을 미쳤다고 발표했다. 젊은 준장 아크와시 아만크와 아프리파(Akwasi Amankwaa Afrifa)가 대통령 격인 대통령 위원회 위원장이 되었다(3대 대통령). 신군부는 헌법을 새로 제정하여 1969년 8월에 1956년 이후 처음으로 5개 정당이 경쟁하는 다당제 총선을 실시하였다. 그리고 1970년 8월 민간인 코피 부시아가 2대 총리에 취임하면서 16개월의 군부 통치를 마감한다.

3대 대통령 아프리파 ©
GhanaWeb

2. 다시 시작하는 문민정부(1969~1972)

민간 이양을 위한 1969년 8월 총선 결과, 은크루마에 등을 돌렸던 교수 출신 코피 부시아가 이끄는 진보당(Progress Party, PP)이 140석 중 105석을 차지하며 집권 정당이 되었고, 부시아는 총리가 된다. 은크루마 정부에서 재무부 장관을 역임한 콤라 그베데마(Komla Gbedemah)의 자유당 국가연합(NAL)은 30%가 조금 넘는 득표율로 29석을 차지했으며, 나머지 의석은 다른 3개 정당과 무소속 후보에게 돌아갔다. 그리고

1년 후에 1970년 8월 31일, 유나이티드골드코스트협회(UGCC) 지도자 중 한 명인 전 대법원장 에드워드 아쿠포-아도(Edward Akufo-Addo)가 제2공화국 4대 대통령에 취임한다.

2대 코피 부시아 총리
© 나무위키

4대 대통령 아쿠포-아도
© 위키피디아

첫 쿠데타 이후 약 3년 만에 문민정부가 들어섰다. 부시아 정부는 정치적 안정을 위해 국가해방위원회(NLC)가 임명한 여러 명의 관리를 재임명했다. 전 군정의 재무 및 경제 계획 위원이었던 헨리 멘사(Joseph Henry Mensah)는 재무부 장관이 되었다.

가나 국민의 대다수는 이전 정부보다 더 많은 민주주의, 더 많은 정치적 성숙, 더 많은 자유가 있을 것이라고 확신했다. 사실, 부시아 정부의 정치 지도자 대부분은 구 정권하에서 고통을 겪었던 동일한 사람들이었다. 따라서 국민은 가나 민주주의에 대한 기대가 컸다.

부시아 정부는 은크루마 독재정치의 부산물인 사회주의 정책을 폐기하였고, 소련(현 러시아)과의 관계를 끊고 심지어 소련 및 중국 기술자들을 추방했다. 이는 서방에 가나의 새로운 정책 방향을 보여줄 기회가 되었다.

그러나 전 정부의 부채를 그대로 물려받은 제2공화국의 경제는 조금도 나아지지 않았다. 1969년 국내총생산의 25%에 해당하는 5억8천만 달러의 중장기 부채를 물려받았다. 1971년까지 5억8천만 달러에 대한 7천2백만 달러의 미지급 이자가 발생했다. 특히 국가 수입의 절반을 차지하는 코코아 가격의 하락 및 이웃 국가 코트디부아르와의 경쟁과 밀수 문제, 코코아 마케팅 위원회(Ghana Cocoa Board, COCOBOD)의 관료적 무능 등으로 코코아 수출이 감소했다.

코코아 마케팅 위원회 로고
ⓒ 위키피디아

정부는 고육지책으로 불안정한 경제 상황에서 발생한 실업 문제 해결을 위해 '외국인 회복법'(Aliens Compliance Order)을 발표했다. 가나 국민 다수는 외국인들이 자신들의 일자리를 빼앗고 있다는 불만을 가지고 있었다. 이에 정부는 외국인들의 불법적인 경제 활동을 막는다는 명목으로 15만 명의 레바논인, 아시아인, 나이지리아인과 같은 외국인을 소매시장에서 몰아냈고, 이들을 강제 추방했다. 정부가 이들의 상업 독점을 막았다는 점에서 국민의 지지를 받았지만, 가나의 경제 불황을 해소하기에는 턱없이 부족했고 오히려 해외투자 유입을 위축시켰다.

1971년 중반에 대부분 국유 기업이 이익을 냈고 식량 생산도 증가했지만, 가나 경제는 전반적으로 악화했다. 특히 정부가 코코아 농부에게 지불하는 가격을 1회당 4 세디에서 8 세디로 두 배로 올렸지만, 코코아 가격이 하락하면서 정부가 농부들에게 돈을 지불할 수 없게 되었다.

결국, 정부는 국민과 정치권이 부정적으로 여기는 IMF의 긴축 프로그램을 1971년 12월 본격적으로 수용한다. 세디는 44%로 평가절하했고, 임금은 동결되었다. 하지만 세금은 인상되어 인플레이션이 높아지고 생활비는 더 증가했다. 또한, 정부는 경제난 해소의 한 부분으로 지금까지 무상 교육을 받아 온 대학생에 대한 학자금 대출 프로그램을 도입했다. 이 모든 정책은 국민의 원성만 높였다.

특히 건전한 재정 기반에만 주력한 부시아 정부의 경제 정책은 임금 동결, 세금 인상, 평가절하, 수입 가격 상승을 유발했다. 이러한 정부 조치에 대해 노동조합의 시위와 파업이 계속되자 정부는 군을 동원해 노동조합 본부를 점거하고 파업을 차단했다. 국민은 생활 수준을 개선하겠다는 부시아 정부의 약속을 더는 기대할 수 없게 되었다.

더욱이 정부의 긴축재정은 일반 국민에는 물론 국방 예산에도 미쳤다. 긴축 예산으로 군대 예산은 거의 25%나 크게 줄었다. 더욱이 정부는 군을 밀수 방지 캠페인 지원, 경찰과의 범죄와 전쟁, 콜레라 퇴치 운동 지원, 도로 건설과 위생 시설 건설과 같은 개발 프로젝트 지원 등에 동원했다. 특히 1966년 쿠데타로 정상적인 승진이 늦어지거나 어려워진 장교들의 불만이 쌓였다. 정부는 서둘러 군 지도부를 교체했지만, 이것이 오히려 군부를 자극했다. 국민의 대대적인 기대로 출발했던 문민정부는 1972년 2년 만에 쿠투 아쳄퐁(Ignatius Kutu Acheampong) 대령의 무혈 쿠데타로 전복되었다. 가나에서 성공한 세 번째 군 쿠데타다.

3. 재발한 군 쿠데타(1972~1978)

1972년 1월 13일 아쳄퐁 대령은 자신의 쿠데타를 정부의 통화 평가절하로 인한 경제 위기 타개와 가나 국민의 생활 조건 개선 공약으로 정당화했다. 가나 독립 이후, 두 번째로 문민정부가 전복되었다. 국제사회는 이러한 변화를 부정적으로 보았다.

이전 군사정권과 다르지 않게 군은 빠르게 의회를 해산하고, 헌법을 정지했으며 대법원과 국무총리직을 폐지했다. 모든 정치 활동은 금지되었고 언론의 자유는 제한됐다. 아쳄퐁은 민간인 한 명이 포함된 13명으로 국가구원위원회(National Redemption Council, NRC)를 설치했지만, 민주적 통치로 복귀시키기 위한 어떤 계획도 제시하지는 않았다. 국가구원위원회(NRC)는 모든 주요 부서, 지역 기관, 주 기업 및 공공 위원회의 직위에 고위 군 장교를 임명하여 가나 사회를 군사화했다.

아쳄퐁은 부시아 정부의 경제 실책을 반복하지 않기 위해 외국 부채에 가장 먼저 손을 댔다. 그리고 공개적으로 '엔투아(yentua, 아칸어로 '우리는 갚지 않을 거야')를 주장하며 가나의

5대 대통령 쿠투 아쳄퐁
© 위키피디아

외채 상환 일부를 거부했다. 은크루마가 영국 기업에 지고 있던 9,000만 달러의 부채를 일방적으로 탕감하고, 나머지 부채를 50년에 걸쳐 갚도록 조정하였다. 그리고 '경제와의 전쟁'이라는 구실로 모든 대형 외국기업을 강제로 인수했다. 이러한 조치는 국민적으로 환영받았지만, 국가의 실제 경제 문제를 해결하는 데는 아무런 도움이 되지 않았다. 가나의 GDP 및 생활 수준은 여전히 계속 하락했고 자본 흐름은 악화했다.

아쳄퐁 정부는 국민이 식량 생산을 책임지고 자립정신을 높이며, 농업의 양과 다양성을 늘리는 자립프로그램(Operation Feed Yourself, OFY)을 1972년 시행했다. 이 프로그램은 가나 신문의 해드라인을 장식할 정도로 정부의 대대적인 선전으로 시작했다. 초기에는 주요 식량 및 산업용 작물생산이 증가했다. 1972년 12월에서 1973년 1월 사이에 가나 수출 회사는 유럽 국가에 581.4톤의 얌을 수출하여 가나에 1억 8,218만 2,800만 세디의 외화를 벌어들였다.

자립프로그램 기념우표 © Stampes of The World

하지만 시간이 지나면서 이 프로그램은 능력보다 높은 목표의 설정과 강요, 엄격한 유통 통제, 지역 식량 작물의 높은 가격 설정 등으로 실패했다. 주로 자본, 식량 저장 및 운송 인프라, 농촌 노동자 등의 부족, 식량 생산의 절대 변수인 기후의 불확실성이 주요 원인이었다.

하지만 가나의 경제를 좌지우지하는 코코아 가격의 상승은 아쳄퐁에 청신호였다. 코코아 농부에게 지불하는 가격의 25% 인상, 국가 개발 세금 폐지, 근로자 임금 30% 인상, 공무원의 복리후생 회복, 대학생 대출 계획 폐지 등은 국민의 지지를 받았다.

이러한 가운데 일부 군부가 1972년 7월과 1973년 8월 두 차례 부시아를 다시 권력에 복귀시키려는 쿠데타가 있었으나 실패했다. 부시아의 모든 재산은 압수되었고, 그의 지지자들은 구금되었다. 이를 계기로 아쳄퐁은 강력한 공포정치를 위해 사형제도를 부활했다. 더욱이 가나에서의 파괴적 정치 활동, 강탈, 절도, 공공 재산에 대한 피해, 허위 정보 유포 및 이익 추구와 같은 범죄도 사형 대상이다.

아쳄퐁은 1975년 국가구원위원회(NRC)를 최고군사위원회(Supreme Military Council, SMC)로 대체한다. 대령에서 장군으로 진급한 아쳄퐁이 이 위원회를 이끌었고, 구성원은 몇몇 고위 군 장교로 제한했다. 이를 통해 정부를 장악하고 군부 내의 의견 불일치, 갈등, 의심, 비판 등을 해결했다. 민간의 의견은 거의 허용되지 않았기 때문에 당연히 민간 정부로의 권력 이양 제안도 없었다. 행정부는 점차 군 조직에 의해 운영되었다. 장교들이 모든 부처와 국영 기업을 담당하게 되었고, 하급 장교와 하사관은 모든 정부 부서와 조직을 장악했다. 그럼에도 1977년까지 6번의 쿠데타 시도가 있었다.

1973년과 다르게 1977년의 가나 경제는 더 나빠졌다. 석유 가격의 상승으로 운송비용이 크게 올랐고, 외화 부족으로 해외 투자 유입이 감소했다. 반면, 1977년 3월에서 4월까지 소비자물가지수는 급등했다. 군정은 재정 적자를 상쇄하기 위해 더 많은 화폐를 발행하여 경제 문제를 해결하려 했다. 하지만 유동성이 너무 커져서 인플레이션이 1974년 24.7%에서 1977년 116.4%로 상승했다.

독립 이후, 처음으로 국민의 생활은 최저 수준으로 떨어졌다. 아쳄퐁은 긴급조치로 임금 동결, 세금 인상, 통화 평가절하가 단행했다. 세디 화폐의 평가절하는 58.2%나 되었다. 결국, 수입 가격이 상승했고, 중산층 및 급여 근로자들과 노동조합은 파업과 거리 시위에 나섰다. 하지만 정부는 군을 동원해 모든 파업을 봉쇄했다.

그러나 소요가 최고조 달하자 아쳄퐁은 1978년 3월 30일 사태 수습을 위해 군대, 경찰, 시민으로 구성된 비당파 정부 체제인 '연방정부'(Union Government, UNIGOV)를 발표한다. 아쳄퐁이 주장하는 이 연방주의는 각 지역이 자신의 지역 문제에 집중하고, 중앙정부는 공공 생활을 비정치화하여 경제 문제에 역량을 집중할 수 있다는 것이다. 특히 정당에 대한 충성심이 민족주의를 조장했고, 다양한 형태의 사회적 악을 가져왔다는 것이다. 그러나 많은 야당 세력은 정부의 일방적 선언에 앞서 이 문제에 대한 공개적 토론을 제안했었다.

1997년 5월 변호사 단체와 학생들은 거리 시위를 벌였으며 정상적인 정당정치와 자유선거를 정부에 요구한다. 하지만 군정은 1978년 3월 30일 연방정부(UNIGOV) 안을 국민투표에 부쳤다. 이번 국민투표는 최고군사위원회(SMC)에 대한 신임 투표와 관련이 있다. 선거 결과는 국민이 반대한 것으로 나타났지만, 다음 날 새로운 선거관리위원회는 찬성이 55.6%라고 발표했다. 번복된 투표 결과에 항의하는 대규모 시위가 일어나자, 군정은 저명한 정치인을 비롯하여 대학교수와 대학생 약 300명을 체포했다. 반정부 운동의 중심인 전국의 대학은 거의 한 달 동안 폐쇄됐다. 정부에 대한 비판과 반대를 억

'연방정부' 찬반 투표용지 © AUFS

누르기 위해 무장 군인들은 학생 시위를 해산했다. 하지만 시민의 불복종 운동은 계속 일어났다. 파업 건수는 1974년 총 8건에서 1978년 23건으로 증가했다.

혼란과 반정부 시위를 막기 위해 군정은 연방정부의 원래 계획을 수정했다. 최고군사위원회(SMC) 2기가 임명한 위원회는 새로운 헌법을 초안하여, 1978년 11월까지 제헌 의회를 선출하도록 했다. 그러나 아쳄퐁은 최고군사위원회(SMC) 내에서 이미 신망을 잃으면서 군부 내 또 다른 쿠데타가 가나 정치를 이어갔다.

4. 아쿠포의 궁정 쿠데타(1978~1979)

혼란이 커지는 것을 막고 국가 정상화를 위해 1978년 7월 5일 아쳄퐁의 부관이자 사령관 크와시 아쿠포(Frederick William Kwasi Akuffo) 중장이 '궁정 쿠데타'를 일으켰다. 아쿠포는 즉시 아쳄퐁을 직위에서 해임했다. 군정이 다른 군 세력에 의해 두 번째로 무너졌고 이는 최고군사위원회(SMC) 2기로 이어졌지만, 연방정부(UNIGOV)의 폐기는 선언되지도 않았다. 신군부는 이 부문에 대해서 심각하게 생각하지 않았다.

6대 대통령 프레드릭 아쿠포
© 위키피디아

가나 지식인과 시민의 눈에 최고군사위원회(SMC) 2기는 새로운 정치 개혁에 대한 제시가 없었기 때문에 아쳄퐁 군정의 이상도 이하도 아니었다. 결국 변호사 단체, 가나 총학생연맹, 대학 교수들은 아쿠포에 정당정치 부활, 헌법 통치, 집회와 표현의 자유를 요구하며 거리로 나섰다.

아쿠포 군정에서도 기본 생필품이 부족했고 코코아 생산은 1964년 최고치의 절반으로 떨어졌다. 정부는 전 정부보다 보수적으로 경제 문제에 접근해야 했다. 첫 번째 조치는 세디를 평가 절하하고 사기업을 육성하는 것이다. 세디는 1979년 초에는 58% 평가 절하되었다. 하지만 1978년 11월 아쿠포 경제 정책에 항의하는 전력 공사 노동자들의 파업이 심해지자 아쿠포는 1979년 1월 1일 비상사태를 선포하고 1,000명 이상의 노동자를 해고했다. 4개월 동안 80건의 파업이 일어났다. 이와 함께 가나 지식인과 학생들은 계속 반 군정 시위에 나섰다.

결국, 가나 지식인과 학생들의 지속적인 반 군정 시위에 아쿠포 군정은 1979년의 비상사태를 철회하고 선출될 새 정부에 정권을 넘겨주겠다고 약속했다. 그리고 은크루마의 인민회의당(CPP) 및 부시아의 진보당(PP)의 전 구성원과 아쳄퐁 군정에서 국가 전복 혐의로 유죄 판결을 받은 모든 사람을 사면했다.

아쿠포는 모든 정당 활동 금지를 해제했고, 2개월 만에 29개 정당이 결성되었다. 그리고 헌법 개정을 통해 입헌통치로 복귀하기 위해 준비를 하는 중 1979년 6월 4일 다른 군부 세력에 의해서 전복된다. 그는 1979년 6월 26일 다른 고위 군 장교들과 함께 처형되었다.

5. 군에 의한 군정의 전복과 단명한 문민정부, 제3 공화국

1979년 5월 15일, 헌법 선거가 5주도 채 안 남은 시점에 공군 중위 존 제리 롤링스(John Jerry Rawlings)가 이끄는 하급 장교들은 아쿠포 정부가 부패 근절 무능과 어려운 경제 상황을 더는 바로잡을 수 없다는 이유로 쿠데타를 일으켰다. 하지만 쿠데타는 실패하고 롤링스를 비롯하여 주모자들은 사형선고를 받고 투옥되었다. 그러나 같은 해 6월 3일 밤, 롤링스에 동조한 일부 장교들이 아쿠포 군정을 전복하고 롤링스와 그의 부하들을 감옥에서 풀어주었다. 최고군사위원회(SMC)에 충성한 일부 군대가 이들과 저항했지만 실패하고, 저항 지도자인 육군 사령관 오다르테이 웰링턴(Odartey Wellington) 소장은 사망했다.

7대 대통령 롤링스
© Financial Times

롤링스는 부패에 대한 '집 청소'(house cleaning)라는 명목으로 젊은 장교들과 무장군혁명위원회(Armed Forces Revolutionary Council, AFRC)를 결성하여 군대의 이미지를 타락시킨 고위 장교들을 하나하나씩 제거했다. 아쿠포를 비롯해 8명의 장군을 총살했다. 또한 적법한 절차 없이 비밀리에

150명의 군 장교, 전직 공무원 및 개인 사업가들을 부패 혐의로 징역형을 내리고, 재산을 몰수했다. 더욱이 부정부패와 사적이익 추구를 근절하기 위한 특별 재판소는 기업가들의 방어권마저도 빼앗았다.

롤링스가 비민주적으로 권력을 장악했음에도 불구하고 많은 가나 국민은 그의 집권을 정의로운 것으로 여겼다. 많은 국민은 그가 가나의 부패와 경제적 쇠퇴를 개선하기 위해 무언가를 할 수 있다고 여겼다. 그만큼 가나 국민은 이전 군사 정부에 대한 실망으로 변화에 대한 희망을 잃지 않았다.

롤링스는 다행히 권력을 탐하지 않았다. 무장군혁명위원회(AFRC)는 의회를 해산하고 모든 정당 활동을 금지한 이후 6월과 7월에 예정된 대통령과 의회 선거를 허용하고, 헌법을 공포했다. 그리고 롤링스는 1979년 9월 24일 새로 선출된 대통령과 의회에 4개월 만에 권력을 이양했다. 가나 정치사에서 두 번째로 군사정권이 민간 지도자에게 평화적으로 넘어갔다. 은크루마 정부가 전복된 이후, 두 번째 문민정부가 들어섰다.

전형적인 외교관 출신 힐라 리만(Hilla Limann)은 1979년 6월 18일 대선에 인민국민당(People's National Party, PNP) 후보로 출마하여 7월 9일 2차 결선 투표에서 62%의 득표

8대 대통령 힐라 리만
© 위키피디아

율로 제3공화국 대통령에 취임했다. 인민국민당(PNP)은 총선에서 140석의 입법 의석 중 71석을 차지했다. 야당 인민전선(Popular Front Party, PFP)은 42석을 차지했고, 26개 의석은 3개의 소수 정당이 차지했다.

힐라 리만의 첫 정치 입문은 1956년 지구 의회의 의원으로 시작했다. 토고 및 제네바 외교관을 역임했다. 은크루마 정부에서 외무부에서 근무했었기 때문에 은크루마의 지지자들로부터 많은 지지를 받았다. 힐라 리만은 법 기관을 수립하고 급진적 개혁보다는 민주적 가치를 중시하며 안정적인 경제 정책을 통해 점진적인 변화를 추구했다.

당시 가나는 코코아 생산 감소와 높은 인플레이션으로 상당한 경제적 어려움에 있었다. 정부는 경제 안정을 위해 그가 집권하기 전에 국가를 괴롭혔던 경제적 봉쇄를 종식했다. 그리고 아쿠세 댐(Akuse Dam)으로 알려진 크퐁(Kpone) 댐, 도로와 주요 교량 등의 인프라 건설과 기본적인 사회 복지 시설의 인프라를 확충했다. 특히 인플레이션을 억제하기 위해 새 통화를 인쇄했고, 1979년 3월 모든 가나인에게 10개의 구화폐를 7개의 신화폐로 교환하도록 했다. 하지만 생산은 계속 감소했다. 1979년 코코아 수출은 독립 이후 최저인 18만 톤으로 떨어졌다. 목재, 금, 다이아몬드 수출도 감소했다.

1971년과 1982년 사이에 GDP는 12% 감소했지만, 인구는 30% 이상 증가했다. 더욱이 코코아 가격이 계속 하락했다. 또한, 석유 국제가격이 크게 상승하자 운송비용이 배로 증가하면서 수출 상품의 운송 차질로 이어져 경제를 더 어렵게 만들었다.

가나의 총부채는 1981년에 14억 달러를 넘었고, 단기 부채 상환에 4억 달러가 연체되었다. 1981년에는 인플레이션이 116.5%였고, 12 세디로 빵 한 덩어리밖에 살 수 없었다. 노동자들의 파업으로 경제는 더 악화했다. 정부는 파업하는 모든 공공 근로자를 해고할 것이라고 발표함으로써 여론을 더 악화시켰다.

더욱이 군부를 포함하여 다수 관료와 엘리트는 은크루마 정책에 대해서 비판적이었기 때문에 이들이 힐라 리만 정부에 있다는 것 자체가 정부의 큰 부담이자 약점이 되었다. 힐라 리만 정부는 경제 침체가 계속되자 여전히 잠재적인 위협으로 남아있는 롤링스와 무장군혁명위원회(AFRC)의 영향력을 제한하기 위해 이 혁명위원회에 관여했던 많은 장교를 군에서 은퇴하거나 장기 해외여행을 떠나도록 강요했다. 하지만 롤링스는 이 모든 것을 거부했다.

결국, 리만 정부는 집권한 지 2년 3개월 만에 자신을 대통령으로 추대한 롤링스의 쿠데타로 1981년 12월 31일 실각한다. 독립 이후, 문민정부의 세 번째 전복이다. 은크루마가 몰락한 이후 15년 동안 8번째 정부가 바뀌었다. 1967년부터 1981년까지 한 정부의 평균 수명 기간은 1.87년이다.

제7장 롤링스의 2차 쿠데타와 제4공화국 (1981-2001)

1. 롤링스 군정의 장기 집권(1981-1991)

1979년 쿠데타를 통해 민간에게 정부를 넘겨준 롤링스는 2년 후인 1981년 12월 31일 두 번째 쿠데타를 통해 다시 정권을 장악했다. 이번에는 대상이 군정이 아닌 문민정부에 대한 쿠데타였다. 헌법이 정지되었고, 정부와 의회가 해산되었으며, 기존 정당 활동도 금지됐다. 롤링스는 자신을 의장으로 한 7명의 위원으로 구성된 임시 국가국방위원회(Provisional National Defence Council, PNDC)를 통해 모든 권한을 행사하는 강력한 정권을 수립했다. 하지만 이미 한 번의 쿠데타를 일으킨 롤링스는 이전 군부 정권과 다르다는 점을 분명히 하기 위해서 임시국가국방위원회(PNDC)에 3명의 민간인을 참여시켰고 15명의 민간인을 내각에 임명했다.

롤링스의 최종 목적은 민간 정부의 실책과 군부의 정권 탈취로 혼란해진 가나의 민주주의 회복이다. 이제까지 가나 정부는 시민의 정치 참여 기회를 제대로 제공하지 않았다. 그 결과, 국가적 이해관계보다 지역 및 민족적 이해관계가 더 중시되었다. 이에 1980년 후반, 사회 하위 계층에게 의사 결정 과정에 참여할 기회 제공하고 일반 대중을 국가 정부 기구에 통합시키는 노동자 방위 위원회(WDC), 인민 방위 위원회(PDC), 시민 심사

9대 대통령 롤링스
© 위키피디아

위원회(CVC), 지역 방위 위원회(RDC), 국가 방위 위원회(NDC)를 설치했다.

각 위원회는 부패와 반사회적 활동을 폭로하는 임무를 맡았다. 공공 재판소는 반정부 행위 혐의를 받는 사람들을 재판하기 위해 만들어졌다. 그리고 지방에는 대중의 참여를 고무하고 부패와의 투쟁을 목적으로 하는 지방 위원회가 설립되었다. 이를 통해 가나 국민이 책임감을 지게 하는 것이지만, 정치적 반대는 엄격히 금지되었다. 그러나 위원회 간의 주도권 싸움으로 제대로 작동하지 못하자 임시국가국방위원회(PNDC)는 1984년 12월 1일에 모든 위원회를 해산하고 혁명방위위원회(Committees for the Defence of the Revolution, CDR)로 대체했다.

혁명방위위원회(CDR)의 목적은 모든 가나 국민에게 정부의 경제, 사회, 정치 정책을 알리고 참여시켜 정부 프로그램과 정책의 실행을 모니터링하게 하는 것이다. 이를 통해 진정한 국가적 화해를 모색하려고 했다. 또한 기능적인 측면에서 모든 지역사회가 민주적으로 의사 결정에 참여하여 부패, 권력 남용, 방해 행위 및 사회적 불의를 방지한다는 것이다. 그리고 경제의 생산 부문에 노력을 집중하여 지속적인 국가 생산성을 증진하는 것이었다.

이외에 혁명의 국가 동원 프로그램, 12월 31일 여성 운동, 민방위 조직(민병대), 국가 청년 조직 위원회, 6월 4일 운동 등은 이전의 다양한 기구를 대신했다. 특히 12월 31일 여성 운동은 가나 여성, 특히 농촌 여성의 정치적, 사회적, 경제적 해방을 목표로 했다. 또한 1984년 6월, 준 군사기관인 민방위기구(Civil Defence Organization, CDO)를 창설하여 내외부 침략, 산불, 홍수와 같은 국가 비상 상황에서 다른 국가 기관을 지원하도록 했다. 특별한 훈련을 받은 민방위원들은 국경 지역에서 반체제 활동과 밀수를 방지하고 보안 기관을 지원하는 책임이 있을 뿐만 아니라 자발적인 사회 및 경제 활동에 참여하여 지역 사회 개발의 책임도 있다.

이처럼 롤링스 군정은 여러 조직을 통해서 질서를 회복했지만 이와 더불어 부작용도 적지는 않았다. 예를 들어, 특정 지역 사회의 개발 프로젝트에 대한 세금 부과 권한이라든가 민방위기구(CDO)의 동물 압수 및 벌금 부과 등의 권한 남용과 부패를 조장했다. 이에 대해 야권은 이러한 기관들을 협박과 인권 침해를 자행하는 국가 자경단이라고 비판했다. 더불어 롤링스의 정책에 반대하는 비판과 시위는 끊이지 않았다. 더욱이 롤링스는 1983년부터 1987년까지 5번의 군 쿠데타의 위협을 받자 '국가 안보'라는 명목으로 은크루마가 시행했던 예방 구금법을 공표하여 반대자들을 영장 없이 투옥했다. 이처럼 혁명방위위원회(CDR)는 헌법적 위임 없이 정치권력의 중심 역할을 했다.

롤링스는 전임자와 마찬가지로 심각한 경제 침체 상황에서 권력을 잡았다. 롤링스가 집권한 1981년 12월 인플레이션율은

200%를 넘었고, 실질 GDP는 7년 동안 연 3%씩 감소했다. 코코아 생산뿐만 아니라 다이아몬드와 목재 수출도 감소했고 금 생산은 독립 이전 수준의 절반으로 떨어졌다. 더욱이 1983년, 가나에 최대 위기가 닥쳤다. 극심한 가뭄과 무분별한 벌목으로 인한 산불로 삼림의 약 3분의 1일이 전소되어 농경지와 목초지가 피해를 당해 식량부족으로 이어졌다. 또한, 나이지리아에서 추방된 100만 명이 넘는 가나인이 귀국하면서 실업 상황이 더 악화했다. 이들은 1970년대 '석유의 붐'으로 나이지리아로 노동이민을 떠난 사람들이었다.

| 1983년 대형 산불 © 위키피디아 | 나이지리아에서 추방되는 가나인 © BBC |

이에 롤링스는 경제 발전을 위해 가나가 필요하다면 서방이든 사회주의 국가든 접근을 망설이지 않았다. 사회주의 국가인 리비아, 쿠바, 동유럽, 소련에 대표단을 파견하여 재정지원을 요청했다. 큰 성과는 없었지만, 롤링스는 경제 침체를 타개하기 위해서는 이념적 사고방식이나 정치적 신념과 관계없이 모든 사람과 친구가 되어야 한다고 생각했다.

이러한 접근은 국제금융지원에 부정적이었던 롤링스 군정이

당과 내각의 일부 반대에도 불구하고 IMF와 세계은행의 엄격한 대출 조건을 수용하고, 4개년 경제 긴축 및 희생 프로그램(Economic Recovery Program, ERP)을 발표하게 된다. 목적은 최소한의 비용으로 경제적 생산성을 회복하는 것이다. 여기에는 엄격한 재정, 통화 및 무역 정책을 통해 인플레이션 하락, 국가의 경제 기관 재구조화, 상품의 생산 및 수출 조건을 개선하기 위한 인프라 재건, 필수 소비재의 가용성 증가 등이 포함되었다. 이 모든 것은 자본 창출에 유리한 경제 환경을 조성하는 것이다. 하지만 급진 사회주의 세력은 세계은행과 그 산하 기관에 경제 지원을 요청하는 것이 가나 혁명의 목적과 목표를 국제사회에 팔아넘기는 것이라고 비판한다.

롤링스는 1983년 10월, IMF의 평가절하를 수용했고, ERP의 1단계(1984-1986)를 시행했다. 그 첫 번째로 공기업 및 커피와 코코아 농장 등을 민영화하여 외국 자본을 적극 유치했다. 인플레이션율은 다행히 20%로 떨어졌고, 1983년과 1987년 사이에 가나의 경제는 연간 6% 성장했다.

1985년 가나 경제의 안정화 이상의 것이 필요했고, 사회 서비스 성장과 개발에 중점을 둔 ERP 2단계(1987-1989)에 착수한다. ERP 2단계에서는 국가가 특정 생산 활동에서 철수하고 환율 제도를 자유화하였다. 개인이 시장 환율로 외화를 살 수 있는 외환국(Foreign exchange bureau)을 설립했다. 이로써 세디는 전환이 가능한 통화가 되었고, 암시장은 거의 근절되었다. 하지만 ERP 2단계의 구조조정으로 공공 지출 예산이 삭감됐고, 공무원 및 공공 서비스의 인력은 감축되었다.

IMF에서는 구조조정을 지속하여 수행한 가나를 경제가 개선된 국가로 선정했다. 하지만 대부분 가나 국민의 삶은 좋아지지는 않았다. 특히 정부가 보조금을 폐지하고 대부분 수입품에 추가 세금을 부과하면서 기본 상품의 가격이 100~300%까지 상승했다. 1983년 4월 새 예산이 도입된 후 반정부 시위가 여러 차례 있었다. 구조조정은 대학으로까지 확대되었다. 정부가 대학 위원회를 일방적으로 재편하자 대학생들이 쿠마시와 아크라의 거리로 나와 항의했다. 이에 정부는 전국의 대학을 폐쇄했다. 폐쇄는 1984년 3월까지 지속되었고 그 후 10년 동안 세 차례 더 폐쇄되거나 조기 휴교되었다.

이러한 경제 정책으로 인한 불만은 정치적 요구로 이어졌다. 특히 가나를 헌법 통치로 복귀시키겠다는 롤링스 약속이 지켜지지 않고 있다는 비판이 끊이지 않았다. 학생, 변호사 협회 같은 전문 단체들은 민선 정부로의 복귀를 요구한다. 더욱이 소련의 미하일 고르바초프의 글라스노스트(Glasnost) 정책은 가나뿐만 아니라 아프리카 대부분 국가에 변화의 바람을 불어 넣었다. 글라스노스트는 '개방'이라는 뜻으로 획일화된 정치를 개방하는 것이다. 여기에는 언론과 집회의 자유도 포함되었다.

가나에서는 1982년과 1989년 사이에 약 20건 이상의 쿠데타 음모와 쿠데타 시도가 있었으며 그중 다수는 롤링스를 암살하는 것이었다. 이러한 점에서 롤링스는 완전하지는 않지만, 빠르게 민주주의적인 변화를 모색해야 했다. 이는 또한 IMF 구조조정을 수행하는 일부이기도 했다.

그중 하나가 1988년 지방 정부법(Local Government Act)

재정이다. 첫 지구 의회(The District Assemblies) 선거는 1988년 11월에 치러졌으며 등록자의 59%가 투표에 참여했고, 유권자 중에서 여성이 차지하는 비율이 높았다.

> 지구 회의 선거는 롤링스의 야심 찬 정치 프로그램이며 ERP와 연결되어 있다. 유사한 지방 정부 선거는 1952년, 1958년, 1978년에 치러졌으나 형식적이었다. 목적은 대중이 기초 수준에서 권력을 행사하도록 하는 것이었으며 오늘날 가나 지방분권화의 기초가 되었다. 자치 구역(Districts)은 2006년 138개에서 2008년 170개로 증가했다. 현재 가나는 10개 지방 행정구역(Region)이 216개의 자치 구역으로 나뉘어져 있으며 지구 의회(District Assemblies)를 통해 지방자치를 실시하고 있다.

일부는 군부가 통치를 정당화하려는 계략이며, 다수 국민이 반대했던 아쳄퐁의 연방정부(UNIGOV)의 반복이라고 비판했다. 하지만 가나의 근본적이고 지속적인 문제를 해결하려는 정부의 중요한 전략으로서의 지구 의회는 가나가 민주주의로 가는 첫걸음을 딛었다는 점에서 의미가 있었다. 특히 독립 이후, 지속적으로 문제가 된 가나의 전통 정치 체제인 추장제를 무조건 배척하기보다는 제도권으로 편입했다는 것은 시사하는 바가 다르다. 그러나 추장의 정당 참여는 금지했다.

> J.J. 롤링스는 1947년 6월 22일 스코틀랜드인 아버지와 가나인 어머니 사이에서 태어났다. 1967년 아치모타 대학과 테시의 군사 아카데미에서 교육을 받고 1969년 공군 조종사로 임관했다. 그는 공군 조종사로서 최고 영예인 '고속 비행 트로피'(Speed Bird Trophy)를 수상하였으며 부하들과 친밀한 관계를 맺은 지휘관 중 한 사람이었다.
> 롤링스는 군 복무 중, 최고군사위원회(SMC)의 부패로 인해 군의 규율과 사

> 기가 저하되는 것을 목격했다. 또한, 진급이 일부 특권 계층에 한정되었으며, 이러한 진급이 사회적 가치와 연결되는 것을 접하면서 정치·사회에 대한 불만을 가지게 된다. 그리고 1981년 집권해서 2000년 퇴임하여 가나에서 최장기 집권 지도자로 남아있다. 퇴임 후 아프리카 지역 분쟁 특사로 활동하였으며 여러 대학에서 강의를 하기도 했다. 롤링스는 2020년 11월 12일에 73세의 나이로 코르레부 교육 병원에서 세상을 떠났으며 4일 간의 국장이 아크라에서 거행되었다.

2. 롤링스의 민선 정부와 제4공화국(1992-1996)

롤링스는 12년 간의 군부 체제를 마감하고 가나의 독립 35주년에 맞춰 3월 6일 헌법 통치 복귀를 발표했다. 1990년 전문가 위원회를 구성하여 헌법 초안을 작성했고, 최종 헌법은 1992년 4월 28일 43.7%가 참석한 국민투표에서 92%의 찬성으로 통과되었다.

정치범들이 풀려났고 자유로운 정당 활동이 허용되었으며 언론의 자유와 인권 단체가 생겨났다. 여러 경쟁 분파 또는 이전 조직에서 파생한 단체와 새로운 단체가 정당으로 등록하고 대중의 지지를 얻기 위해 발 빠르게 움직였다. 10년 동안 유지한 임시국가국방위원회(PNDC)는 1990년 7월 국가민주회의(National Commission for Democracy, NCD)로 대체된다.

롤링스는 쿠데타로 집권한 지 11년이 지난 1992년 9월 14일에 공군에서 사임하고, 민간인으로 1992년 9월 30일에 대통령 선거에 출마했다. 롤링스의 국가민주회의(NCD)는 국민대회당(National Convention Party, NCP) 및 모든가나인정당(Every Ghanaian Living Everywhere Party, EGLE)과 연합하여 진보연합(Progressive Allianc)을 결성하고 롤링스를 대통령 후보로 지명했다. 롤링스는 1차 투표에서 58.8%를 얻어 30.4%의 득표율을 얻은 신애국당(The New Patriotic Party, NPP)의 알버트 아두 보아헨(Albert Kwadwo Adu Boahen) 교수를 누르고 제4공화국 대통령이 되었다.

11년간 비선출 지도자 롤링스는 이제 민주적으로 선출된 지도자로 권력 유지에 성공했다. 특히 가나 정치사에서 연합 정당의 출현은 더는 집권당이 무소불위 권력을 행사할 수 없을 뿐만 아니라 가나의 정당정치가 자유화되었음을 의미했다.

선거 결과에 대한 불복으로 일부 지역에서 소요 및 소규모 폭탄 테러가 발생했다. 예를 들어, 쿠마시에는 통금령이 내려졌고, 야당은 즉시 항의하며 사기와 투표 조작을 비난하고 임시 선거 관리 위원회에 부정행위 혐의가 조사될 때까지 승자 선언을 하지 말 것을 요청했다.

1979년 이후, 13년 만에 치러지는 12월 8일 의회 선거는 12월 29일로 연기되었다. 200석을 놓고 440명의 후보가 경쟁하는 의회 선거에서 진보연합당을 제외한 세 개의 정당만이 경합을 벌였다. 진보연합당은 총 200석 중 198석을 차지했다. 신애국당(NPP), 인민국민대회(PNC), 국민독립당(NIP), 인민유산당(PHP)의 4개 야당은 대통령 선거 결과가 조작되었다는 이유로

의회선거를 보이콧 했다. 가나 역사상 처음으로 의회에 16명의 여성이 당선되었고, 그중 두 명은 무소속이다. 하지만 다당제 의회 민주주의가 무색하게 4개 야당이 참여하지 않은 의회정치는 롤링스의 집권 여당이 결국은 유사한 일당제 역할을 하는 모양새가 되었다. 더욱이 야당은 선거를 보이콧함으로써 내각 임명 가능성뿐만 아니라 의회에서의 직접적인 대표권과 실제 권력 공유의 기회를 스스로 포기했다.

야당은 이번 선거가 롤링스 시대의 종말을 의미한다고 했지만, 롤링스의 지속적인 인기를 과소평가했다. 야당이 선거에 참여한 것은 롤링스의 연임과 관련한 1996년 선거가 임박해서였다. 1996년 12월 7일 선거가 있기까지 야당은 국가민주회의가 이끄는 정부에 진정한 민주주의의 제도와 회복을 위해 독립적인 선거 관리 위원회 설치와 망명 중인 모든 가나인의 무조건 사면을 요구했다.

선거에 참여하지 않은 야당은 소송과 여론을 이용하여 정부와 대립했다. 선거를 보이콧한 신애국당(NPP)은 다양한 형태로 정부에 도전했다. 예를 들어, 정부를 상대로 제기한 헌법 소송에서 대법원이 롤링스 대통령이 증인으로 출두할 것을 요구하였는데 이를 상징적 승리로 자축하기도 했다.

국제사회는 롤링스 신정부에 대해 고무적이었다. 군부에서 선출 정부로의 전환은 해외투자자들의 긍정적 평가로 이어져 1993-94년 지원 약속은 국가민주회의(NDC) 정부가 예상했던 17억 달러를 크게 초과했다. 하지만 경제는 새 정부에서도 여러 가지 어려움에 직면했다. 1995년 중반, 세디는 예상보다 빠르게 하락하고 있었고 인플레이션은 그해 12월 70%를 넘었다.

결국 정부는 다양한 부문의 생산성을 높일 목적으로 기계, 비료, 석유 등의 수입에 필요한 자금 조달을 위해 다시 대출이 받아 1994년 가나의 외채는 50억 달러를 초과하였는데 이는 GNP의 63%에 해당했다. 외채 증가는 IMF가 정한 조건을 충족하지 못하면서 해외 원조가 감소했기 때문이다. 더욱이 정부는 세수를 늘리기 위해 17.5%를 인상한 부가가치세를 도입했다. 하지만 가나 국민은 10년 이상 기대했던 경제 회복이 하루아침에 무너지자, 거리로 나왔다.

1995년 5월 11일, 수도 아크라에서는 변화를 위한 연합(Coalition for Change, AFC) 야당 단체는 정부의 부가가치세 도입에 반대하는 시위를 조직하여 50,000~100,000명이 거리로 나섰다. 처음에는 평화적인 시위였지만, 시위자 5명이 총탄으로 사망하면서 시위는 폭력적으로 변했다. 당시 변화를 위한 연합의 시위 슬로건은 '쿠메 프레코(Kume Preko)'였는데, 아칸어로 '지금 당장 나를 죽여도 괜찮다'는 뜻이다. 야당 세력들은 헌법 정부로의 복귀를 위한 명확하고 확고한 일정과 프로그램 제시를 강하게 요구했다. 더욱이 롤링스 정부에 실망한 국민대회당(NCD)이 진보연합에서 탈퇴하면서 롤링스의 연립정권이 위기를 맞는다. 롤링스는 재빨리 의회를 소집하여 다가올 선거를 우려한 듯 부가가치세를 취소하며

시위 슬로건
ⓒ Daily Mall Gh

위기를 면했다.

3. 롤링스 2기 정부와 민주화(1997-2001)

12월 7일에 대통령 선거와 의회 선거가 예정되어 있다. 경제 실패는 결국 1996년 대선을 위한 장애가 되었다. 따라서 이번 선거에서 경제 문제는 중요한 이슈였다. 야당은 정부의 세계은행과 IMF와 같은 국제 금융 기관의 구조조정 수용과 상품 및 서비스에 대한 부가가치세 도입을 강도 높게 비판했다. 반면, 집권당 국가민주회의(NDC)는 포괄적인 경제 개혁 및 농촌 개발 프로그램의 성과를 내세웠다.

정부는 이전부터 야당이 끈질기게 주장해 온 부정선거 제기를 사전에 차단하기 위해 정부의 승인으로 비정부 기구가 선거를 감시하고 모니터링할

1996년 롤링스의 선거유세
© jeune afrique

수 있게 했다. 그리고 모든 정당과 선거관리위원회는 선거 준비를 논의하고, 불만 사항을 조사하고 해결하기 위한 절차 수립을 위해 정당 간 자문위원회(Inter-Party Advisory Committee, IPAC)를 설립했다. 그리고 더 많은 국제선거 감시단 파견을 유엔 및 아프리카단결기구(OUA)에 요청했다.

롤링스의 제2기 문민정부의 출범을 가늠하는 1996년 대통령 선거는 국가민주회의(NDC)의 롤링스와 야당 대동맹(Great Alliance)의 존 쿠푸오르(John Kofi Agyekum Kufuor) 대결로 압축되었다. 대동맹은 롤링스 정부를 끌어내기 위해 신애국당(NPP)이 인민대회당(PCP) 및 인민국민대회(PNC)와 창설한 연합 정당이다.

1992년 의회 선거를 보이콧하여 여당의 진보연합에 의회를 넘겨준 야당은 1992년의 실패를 반복하지 않고, 정부를 효과적으로 관리할 수 있는 대연합 정부를 만들고자 했다. 그런데 대연합에는 통일된 이념 없이 단지 현 정부에 맞서 싸우기 위해 뭉쳤을 뿐이다. 더욱이 대연합은 공동 연합 후보자에 대한 최종 합의 지명이 제대로 이루어지지 않아 대연합 후보자는 두 명이 되었고, 투표용지는 이미 인쇄되었다. 유권자가 보기에는 대연합의 실패다. 결국, 롤링스는 40%를 차지한 쿠푸오르를 물리치고 57%의 득표율로 재선에 성공했다.

12월 7일 200명을 선출하는 의회 선거에는 총 780명의 후보(당원 725명, 무소속 55명, 여성 57명 포함)가 등록했다. 국가민주회의(NDC)는 200개 선거구에서 134석을 차지하여 헌법 개정에 필요한 다수 의석을 확보했다. 반면, 야당인 신애국당(NPP)은 60석을 차지했다.

정치적으로 롤링스 문민정부를 효과적으로 견제할 정치세력은 더 이상 없다. 200석 중 134석을 차지한 집권당과 행정부는 정부와 당내에서의 분열이 없다면 정치적 안정은 이미 담보되어 있다. 그러나 국민의 삶과 직접적으로 연결되어 있는 경제 문제는 정치적 문제와 달랐다.

1996년의 인플레이션은 전년보다 상당히 높았다. 1997년 말까지 15%로 줄이겠다는 정부의 약속은 경제 분석가들조차도 믿지 않았다. 가나의 두 번째로 중요한 수출품인 코코아의 국제 가격은 1997년에 약간 상승했지만, 1위 수출품인 금의 가격은 온스당 거의 390달러에서 350달러 미만으로 하락했고, 1999년에는 250달러까지 떨어졌다. 1996년에 배럴당 20달러 이상으로 오른 원유 가격은 1999년 30달러로 급등했다.

더욱이 세디는 계속 하락했다. 경제 활동이 감소하고 기업 파산이 증가하면서 실업이 증가했다. 농업 보조금도 함께 감소하자 식품 가격이 급등했다. 이러한 경제 상황에 대해 야당은 정부를 거칠게 비판했다. 그럼에도 정부는 경제 불황 타개를 위해 야당과 국민이 반대하는 부가가치세 도입을 다시 만지고 있었다. 이는 당내에서도 반대가 있었다.

롤링스 정부는 가나의 경제를 제대로 살리지 못했지만, 국민과의 약속으로 3선 출마를 금지하는 헌법을 개정하고 2000년 정계에서 스스로 물러나면서 약 30년의 군 출신의 정치를 마감한다. 가나뿐만 아니라 대부분 아프리카 국가가 세계화로 혼란을 겪고 있는 시기지만, 롤링스는 스스로 물러나면서 가나를 민주주의 국가로 이끌었다.

당시 아프리카는 세계화 압박으로 마지못해 민주화 및 시장경제를 수용할 수밖에 없었다. 절차적으로 민주적이었을지라도 현실은 전 집권당과 지도자가 3선 출마를 금지한 헌법을 개정하여 집권을 연장했다. 다당제는 서류상으로만 존재했다. 이에 따라 더 혼란해진 일부 국가에서는 쿠데타가 빈번히 일어났다. 그러나 롤링스의 통치하에서 가나는 서아프리카에서 가장 정치적으로 안정적인 민주국가가 되었다.

하지만, 정당 금지의 해지는 무려 10년이 걸렸다. 가나 역사상 현 정부가 평화롭고 합법적으로 권력을 이양한 것은 처음이었다. 그러나 퇴임 대통령 롤링스가 국가민주회의(NDC)의 종신 회장으로 임명된 것은 퇴임 후에도 정치 이면에서 영향을 미치려 한다는 의심으로 남았다.

2020년 11월 12일 롤링스 전 대통령의 장례식 © Le Pays

제8장. 새로운 민선 정부 시대

1. 존 쿠푸오르의 첫 야당 민선 정부 탄생 (2001-2008)

10대 대통령 존 쿠푸오르
ⓒ 위키피디아

가나는 19년 간의 롤링스 장기 집권을 마감하고 진정한 민선 정부의 길로 들어서는 그 첫 번째가 2000년 제4공화국 10대 대통령 선거다.

중도우파 신애국당(New Patriotic Party, NPP)의 존 쿠푸오르와 롤링스의 지지를 받은 국가민주회의(National Democratic Congress, NDC)의 존 아타 밀스(John Atta Mills) 외 10명이 대통령 후보로 나섰다. 쿠푸오르는 아쿠포 아도와 당내 결선에서 2,000표 중 1,286표를 얻어 최종 후보로 선출되었다.

대통령 선거 경쟁은 쿠푸오르와 롤링스 후계자로 지목된 국민당 아타 밀스로 압축되었다. 롤링스는 당내의 반발에도 불구하고 부통령인 아타 밀스를 후임 지도자로 지명했다. 이는 오랜 군정으로 인한 자신과 국가민주당(NDC)의 이미지를 쇄신하기 위한 것으로써 시민과의 친화력이 좋은 민간인 출신 아타 밀스를 정략적으로 선택한 것이다.

2001년 1월 7일 신애국당(NPP) 쿠푸오르가 48.17%로 롤링스 이후 19년 만에 첫 민간 출신 대통령이 되었다. 이번 선거는 가나의 민주주의와 정치적 다원주의의 승리였으며, 1992년에 시작된 민주주의 전환의 공고화를 확인하기에 충분했다.

의회 선거에서 신애국당(NPP)은 200석 중 겨우 과반인 100석을 차지하여 92석을 차지한 전 집권 정당(PNDC)의 후신인 국가민주회의(NDC)를 겨우 앞섰다. 무소속 및 소규모 정당은 8석을 차지했다. 은크루마의 유산을 주장하는 인민회의당(CPP)은 1석에 그쳤다. 은크루마주의는 더 이상 젊은 세대에게 큰 의미가 없는 듯했다. 단 다른 은크루마주의 정당인 인민전국대회(PNC)는 3석을 차지했다. 하지만 같은 은크루마주의 두 개의 정당은 연합 구성에 실패함으로써 의회에서의 입지가 약해졌다.

쿠푸오르는 쿠데타와 장기 집권으로 분열된 국민 통합을 위해 취임 연설에서 약속한 국가화해위원회(National Reconciliation Commission, NRC)를 2002년 9월 설립했다. 2003년 1월 14일에서 2004년 10월 14일까지 운영한 이 위원회의 목적은 1957년부터 1993년 사이에 일어난 잔혹 행위와 인권 침해를 조사하고, 피해자에게 적절한 보상을 권고하여, 국가적 화해를 촉진하는 것이다.

수냐니에서의 NRC공청회
© 파티시피디아

2001년 5월 가나민주개발센터(Center for Democratic

Development, CDD)가 실시한 전국 여론조사에 따르면 응답자의 약 90%가 어떤 형태든 국가적 화해를 지지했다. 위원회는 살인, 실종, 고문, 성적 학대, 구금, 재산 압수, 인질 납치, 노동권 방해, 사법 절차 남용과 같은 인권 침해에 관한 4,240건의 청원을 접수했다. 2,129명의 피해자와 79명의 가해자로부터 증언을 들었다.

최종 보고서는 2005년 4월에 완성되어 정부에 제출되었지만, 공개되지 않았다. 국가화해위원회는 배상과 가해 기관인 경찰과 군대의 개혁을 권고했다. 정부는 150만 달러의 배상금을 제공했지만, 경찰과 군대의 개혁은 실질적인 변화로 이어지지 않았다. 그럼에도 국가화해위원회는 가나의 과거 인권 침해에 대한 정확한 기록을 문서화하는데 성공했다. 그리고 이 프로세스와 작업은 후손들에게 가나 역사의 일부로 남아 있다.

가나석유공사 로고
© 위키피디아

특히 국가화해위원회(NRC)는 2004년 전 대통령 롤링스의 핵심 인물인 전 가나석유공사(Ghana National Petroleum Corporation, GNPC)의 CEO 차츠 치카타(Tsatsu Tsikata)를 인권 침해 혐의로 소환했다. 이 자체가 가나의 법치주의의 승리라고 봐야 한다. 치카타는 가나석유공사 CEO로 재직 중 국가에 230,000 세디의 재정적 손실을 입힌 혐의로 2008년 5년 형을 받았다.

쿠푸오르 정부가 들어선 2000년대 초반 가나 국민의 40%가 빈곤선 이하에서 살고 있을 정도로 가나 경제는 여전히 침체되었다. 수출로 특화된 코코아 가격은 톤당 900달러 미만으로 최저를 기록했다. 동시에 원유 가격은 배럴당 약 30달러로 상승했고 이후 여러 번 인상되었다. 이에 따라 석유 제품 가격이 세 번이나 인상되었고, 물과 전화 요금도 60%나 올랐다. 가나 화폐 세디의 가치는 여전히 떨어졌다. 국민이 의존하는 수입품 가격과 생계비가 상승하면서 국민의 생활은 더 불안해졌다.

정부는 경제 불황을 타개하기 위해 야당과 국민의 반대에도 불구하고 2001년 세계은행 및 국제통화기금(IMF)과 빈곤 감소 및 성장 기금(Poverty Reduction and Growth Facility, PRGF) 협정에 최종 체결했다. 가나의 빈곤 감소 전략을 지원하는 이 협정은 2003년 5월에 2억 7,420만 미국 달러를 승인했다. 나중에는 2006년 10월 31일까지 연장되었다. 총지출은 7억 6,200만 미국 달러에 달했다.

예산 및 지불 수지 균형을 회복하는 것을 목표로 한 정부는 PRGF를 통해 인플레이션을 40.5%에서 12.5%로 낮추었고, 그 결과 세디의 하락은 약간 진정되었다. 더불어 실질 GDP 성장률은 2000년 3.7%에서 2005년 5.9%로 증가했다. 특히 2003-06년 프로그램 기간에 전체 재정 적자는 2002년 GDP의 6.7%에서 2005년 3.0%로 감소했다. 또한, 부채는 2002년 GDP의 약 24%에서 2005년 약 11%로 감소했다.

이러한 경제 성장에 힘입은 정부는 2003년 국민이 건강, 교육 등 기본 서비스 보장을 받을 수 있는 국민건강보험제도

(National Health Insurance Scheme, NHIS)를 창설했다. 600만 명의 어린이에게 종합 건강 관리 및 임산부에 대한 무료 의료가 제공했다.

또한 정부는 가나 교육 공동 기금을 지원하기 위해 부가가치세를 10%에서 12.5%로 인상했는데, 이 기금은 무너져가는 교육 시스템을 구조화하는 초석이 되었다. 2000년부터 2005년까지 초등학교 취학률이 남학생은 90%, 여학생은 87%에 도달했다.

쿠푸오르 정부는 가나 경제의 기반인 코코아 농업 생산을 강화하여 코코아 생산량이 2002년에서 2005년 사이에 연간 350,000톤에서 연간 734,000톤으로 두 배로 증가했다. 이는 가나가 1세기 이상 코코아를 생산한 이래 사상 최고 기록이다.

가나 경제의 개선은 쿠푸오르 대통령의 연임 선거에 유리하게 작용했다. 2004년 12월 치열한 선거는 다행히 군사적 배경이 없이 치러졌다. 1차 투표에서 총 7명의 대선 후보가 경쟁했으며 주요 상대인 존 아타 밀스는 44.32%를 득표율을 확보했으나 쿠푸오르는 52.45%의 득표율로 재선되었다. 쿠푸오르는 가나에서 최초로 재선한 민간 대통령이 되었다. 선거기간에 부르키나파소 국경 북부에서의 총격전으로 투표가 중단되기도 했지만 비교적 평화롭게 진행되었다.

의회 선거에서는 590명의 후보가 230개 국회 의석을 놓고 경쟁했으며, 신애국당(NPP)은 230석 중 과반인 128석을 차지했다. 2000년 이후 몰락한 국가민주회의(NDC)는 94석을 확보했다.

쿠푸오르 대통령은 두 번째 임기에서 새로운 신뢰를 증명하듯이 가나 현대화와 경제 성장 촉진을 목표로 광범위한 개혁 프로그램을 시행했다. 덕분에 2000년의 GDP 성장률이 4%에서 2007년에 6.3%로 상승했다. 국제 금융 위기에서도 2007년부터 2008년 사이에 GDP는 8.4%를 기록했다. 하지만 정부는 지출에 필요한 세수 확보를 위해 부가가치세를 지속해서 올렸는데 2005년에 15%로 인상해 야당과 국민의 심각한 공세를 받는다. 실상 신애국당(NPP)은 초기부터 부가가치세 부과를 반대했었다. 왜냐하면 이전 정부의 대부분 경제 실패 요인 중 하나가 국민 삶에 직접적인 영향을 미치는 부가가치세 인상과 연관이 있었기 때문이다.

비교적 안정된 국내 정치와 꾸준한 경제 성장은 쿠푸오르 대통령의 대외 신뢰도에도 영향을 미쳤다. 가나는 2002년과 2007년에 서아프리카경제공동체(Economic Community of West African States, ECOWAS) 의장국이 되었으며, 쿠푸오르는 아프리카 연합 의장(2007~2008)을 지냈다. 쿠푸오르는 아프리카 지역 문제 해결에 적극적이었다. 특히 시에라리온, 코트디부아르, 라이베리아 갈등의 중재자 역할을 도맡았다.

2002년 내전으로 이주하는 코트디부아르 사람들 © pulse

11대 대통령을 선출하는 선거에 쿠푸오르 대통령는 헌법에 따라 3선에 출마할 수 없다.

하지만 당시 다수 아프리카 국가에서는 1999년 이후 민주화로 대통령의 3선 출마 금지를 헌법으로 명시했음에도 임기 말에 헌법을 개정하여 장기 집권한 지도자가 많았다. 그럼에도 쿠푸오르는 정권 연장에 유혹되지 않고 조용히 물러났다. 이러한 점에서 2008년 12월에 실시된 대선과 총선은 가나의 민주주의적 뿌리를 확인시켜 준다.

> 존 쿠프오르는 아산티 왕조와 가까운 가문 출신으로 1938년 12월 8일 쿠마시의 다반(Daaban)에서 태어났다. 부유한 가톨릭 가정에서 성장한 그는 영국 옥스퍼드 대학에서 경제학, 철학, 정치학을 전공했다. 1967년 귀국하여, 1968년 군사정부가 소집한 제헌 의회로 정치에 입문했다. 1969년 진보당 후보로 국회의원으로 선출되었고 코피 부시아 정부에서 외무부 차관으로 임명되었다. 1972년 쿠데타 이후, 그는 1978년 제3차 헌법 초안 작성에 잠깐 참여했지만, 1981년 제리 롤링스의 독재적 행보로 인해 1990년대 초까지 정치에 나서지 못했다.
> 존 쿠프오르는 가장 불우한 농민을 핍박하는 정책에 반대했다. 1992년 정계에 복귀하여 당 예비선거에 출마했지만 패했다. 그리고 1996년 신애국당(NPP) 대표로 대선에 출마했는데 롤링스에게 패배했다. 1998년, 아산티 지역 기반 외에도 지배계급의 쇄신을 추구하는 도시 지역과 자영업자 및 학생들의 지지를 받아 대선에서 당선되었다.

2. 롤링스 후계자, 존 아타 밀스의 정부 (2009-2012)

롤링스 군부정권 밑에서 부통령을 지낸 존 아타 밀스는 11대 대통령 선거에 총 8명의 후보와 함께 등록했다. 그중 전 대통령 존 쿠푸오르 정당 신애국당(NPP)의 아쿠포 아도(Nana

Akufo-Addo)와 전 대통령 롤링스 당 국가민주회의(NDC)의 아타 밀스가 최종 경합했다.

아쿠포 아도는 2001년부터 2003년까지 법무부 장관을 지냈고, 쿠푸오르의 행정부에서 외무부 장관을 역임한 관료 출신이며 이번에 처음으로 대통령 선거에 출마했다. 반면, 아타 밀스는 2000년과 2004년 전 대통령 존 쿠푸오르에 두 번이나 패배한 뒤 2008년 대선은 3번째로 출마한 교수 출신의 노련한 정치가였다.

2008년 12월 7일 1차 선거에서는 어떤 후보도 50% 이상의 득표를 얻지 못했다. 아쿠포 아도는 49.13%의 득표율을 기록했고, 존 아타 밀스는 47.92%를 기록했다. 12월 28일 2차 결선 투표 결과는 존 아타 밀스가 50.23%의 득표율로 49.77%를 차지한 아쿠포 아도를 1% 미만의

11대 대통령 존 아타 밀스
© 위키피디아

차이로 역전하여 승리했다. 불과 4만 표 차이로 당시 아프리카에서는 가장 근소한 차이였다. 2차 결선 투표 기간에 국가민주회의(NDC)와 신애국당(NPP) 양측은 선거 과정을 훼손했다며 서로 비난했다. 아산티와 볼타 지역에서는 당원들이 폭행당한 사건이 있었고, 물류 및 운영상의 문제로 브롱 아하포 지역의 한 선거구에서 투표가 연기되기도 했다. 하지만 전반적으로 선거는 평화롭고 차분하게 진행되었다. 존 아타 밀스는 2009년

1월 7일 64세에 11대 대통령에 취임했다.

임기 4년의 국회의원 선거에서는 230개 국회 의석에 10개의 정당에서 1,620명이 등록했다. 국가민주회의(NDC)는 총 116석으로 가장 많은 의회 의석을 차지했고, 신애국당(NPP)은 107석, 기타 정당은 3석, 무소속이 4개의 의석을 차지했다. 신애국당(NPP)은 총 21개 의석을 잃었고, 국가민주주회의(NDC)는 20개 의석을 더 얻었으며 인민국민회의(PNC)와 인민회의(CPP)는 각각 2개의 의석을 잃었다.

특히 사회주의 범아프리카 정당인 인민회의는 최근에 재창립하여 이번 선거에 참여했다. 이 정당은 원래는 1949년 콰메 은크루마가 독립을 위해 운동하기 위해 결성했으며 1957년부터 1966년까지 집권당이었지만, 이번 선거 결과는 참혹했다. 인민회의의 정치적 입지는 시간이 지날수록 더 약해졌다.

가나는 1996년 이후, 네 번째로 경쟁적인 총선을 치렀다. 이번 선거는 최근 여러 주요 아프리카 국가에서 치러진 선거에서 폭력이나 유혈사태가 발생한 것으로 고려하면 아프리카 민주주의 발전이라는 측면에서 중요했다. 따라서 이번 선거는 아프리카 민주주의의 발전을 위한 긍정적인 기준점을 제공했다.

오바마 & 아타 밀스, 2009
© 위키피디아

임기 중 2009년 7월 11일 미국 최초의 흑인 대통령

버락 오바마는 가나를 아프리카 첫 방문국으로 정했다. 미국 대통령의 가나 방문은 가나가 민주주의로 성장한 국가라는 의미가 있었다.

하지만 아타 밀스는 집권 내내 롤링스 정부의 부패 및 관리 부실과 연관되어 정치적 부담이 컸다. 특히 그가 롤링스 정부에서 부통령을 역임했다는 경력은 롤링스의 정치적 심복이 될 것이라는 인식이 지배적이었다. 따라서 아타 밀스는 롤링스와 거리를 두고 사회 민주주의와 경제 개혁의 플랫폼을 내세웠다. 그리고 빈곤 완화와 책임 있는 거버넌스의 중요성을 강조했다.

대통령 취임 후, 아타 밀스의 우선순위는 석유 수입으로 경제를 회복하여, 국민의 생활 조건을 개선하고 인프라 재건하는 것이다. 그리고 마지막으로 민주주의 제도와 관행을 강화하는 것이다.

아타 밀스 정부는 타코라디(Takoradi)에서 석유 시추가 시작되면서 이득을 보았다. '자원의 저주'를 피하기 위해 처음부터 석유 수익 관리의 투명성을 보장하고 부패 방지에 우선했다. 석유 관리 방식은 석유 수입을 국가 기금에 투자하는 노르웨이 모델을 기반으로 했다. 수익은 궁극적으로 도로, 학교, 주택, 건강 센터 건설 등 사회사업을 수행하는 데 사용되거나 중소기업에 대출 형태로 재분배한다. 특히 가나의 첫 상업용 석유 생산 이후 재정 규율과 석유 수입의 공평한 관리를 통해 가나 국민의 생활 수준을 개선하는 것을 최우선 과제로 삼았다. 심각한 전력 부족으로 가나 정부는 에너지 배급을 실시하고 있었다.

가나는 석유 원자재 덕분에 2010년 7.7%의 성장률에 이어

2011년에는 13.7%의 성장률을 달성했다. GDP의 52%를 차지하는 농업이 가나 주요 산업이지만, 장기적으로는 금보다 석유 부문이 국가의 주요 수입원이 될 것으로 보였다. 아타 밀스 정부는 석유 수입으로 경제 회복, 국민의 생활 조건 개선, 인프라 재건 및 개발을 우선시했다. 우선 농부들을 위한 코코아 가격을 인상하고, 농촌 지역의 전기 공급을 확대했다. 또한, 가나 북부의 개발 불균형을 해소하기 위해 사바나 가속 개발 기관을 설립하는 등의 주요 정책을 시행했다.

가나의 지속적인 성장으로 세계은행은 가나를 중하위 소득 국가로 분류했다. 하지만 사회적 불평등이 커지는 것은 막지 못했다. 특히 가나의 통화인 세디의 달러당 가치가 50% 이상 하락하면서 수입품 가격이 비싸졌고 식품 가격과 생활비가 상승했다. 그러나 이전과 비교해 가나 경제는 그나마 안정적이었다. 아타 밀스의 임기 동안에 예산 문제와 부패에 대한 우려가 있었지만, 정부는 경제를 안정시키고 외국인 투자를 촉진하는 데에도 중점을 두었다. 가나는 2011년 세계은행의 기업 활동 세계 순위에 따르면 서아프리카에서 사업환경이 가장 좋은 나라로 평가되었으며 경제성장률은 14%로 높았다.

정치적 안정과 경제 발전을 이룬 아타 밀스는 2011년 7월 국가민주회의(NCD)에서 2012년 대선 출마 후보로 다시 지명되었다. 당 예비선거에서 그는 롤링스의 부인인 경쟁자 나나 코나두 아게망 롤링스(Nana Konadu Agyeman Rawlings)를 97%의 압도적인 득표율로 물리치고 재지명되었다. 그러나 2012년 7월 24일 임기 중 68세로 사망했다.

아타 밀스 대통령은 1944년 7월 21일 가나 타르콰(Tarkwa)에서 태어났다. 교사였던 아버지로부터 학업을 독려받았다. 넉넉한 집안에서 태어난 그는 1967년 가나 대학교에서 법학을 전공했고, 런던 정치경제대학교(법학 석사, 1968년)에서 법학을 전공했으며, 1971년 런던대학교 동양아프리카대학에서 세금과 경제 발전에 관한 논문으로 박사 학위를 받았다. 가나로 돌아온 후, 가나 대학교에서 법학을 가르쳤으며, 약 25년간 교단에 있었다. 그는 또한 수많은 국가 위원회에서 활동했고, 가끔 미국과 네덜란드에서 방문 교수로 재직했다. 그의 정치 지도자 모델은 넬슨 만델라, 줄리어스 니에레레 그리고 콰메 은크루마였다. 특히 청소년 시절에 은크루마가 설립한 유명한 위네바(Winneba) 사상 연구소에서 공부하면서 한때 사회주의에 심취했다. 당시로서는 매우 위험한 행동이었지만, 범아프리카주의와 아프리카 합중국에 대한 희망을 늘 가지고 있었다.

아타 밀스는 1997년부터 2001년까지 제리 롤링스 대통령의 정부에서 부통령으로 정계에 입문했으며, 국가민주회의(NDC)대표를 역임했다. 2012년 7월 24일 임기 중 68세로 갑자기 사망했다.

3. 독립 이후 세대, 존 드라마니 마하마 정부 (2012-2017)

존 드라마니 마하마(John Dramani Mahama)는 아타 밀스 대통령의 급작스러운 사망으로 2012년 7월 24일에 대통령에 취임했다. 전임자 사망으로 대통령직을 맡은 최초의 부통령이며, 1957년 가나가 독립한 이후 태어난 첫 가나 대통령이다.

국가민주회의(NDC)는 8월 30일 목요일 당 예비경선에서 99.5%의 득표율을 차지한 드라마니 마하마(53세)를 대통령 후보로 지명했다. 12월 7일 대선에서 드라마니 마하마는 변호사

12대 대통령
존 드라마니 마하마
ⓒ 위키피디아

출신 신애국당(NPP) 대표 나나 아쿠포 아도(68세)를 상대로 50.7%의 득표율로 승리를 거두었다. 경쟁 후보 나나 아쿠포아도는 47.7%로 패배했다. 야당과 그의 경쟁자 나나 아쿠포아도가 선거 결과에 의심하고 법원에 소송을 제기했지만, 대법원은 드라마니 마하마를 2012년 대통령 선거의 승자로 선언했다.

이번 선거는 가나가 민주주의로 복귀한 이후 여섯 번째였다. 투표 중에는 생체 인식 유권자 확인 장치가 사용되었는데 기계의 오작동으로 일부 유권자가 오랫동안 투표를 할 수 없어, 투표는 12월 8일 토요일까지 계속되었다. 야당은 가나 선거관리위원회가 선거 결과를 조작했다며 건물 앞에서 시위했다. 그러나 경찰은 야당 지지자들을 향해 최루탄을 사용하여 해산시켰다. 더욱이 야당이 된 신애국당(NPP)은 선거 결과에 이의를 제기하고 국가 최고 법원에 청원했다. 8개월 후, 법원은 투표와 선거 결과 집계에 일부 부정이 있었지만, 드라마니 마하마 대통령의 당선을 최종적으로 확정했다.

의회 선거에 10개 이상의 정당과 무소속의 1,300명 이상의 후보가 등록하여 276석을 놓고 경쟁했다. 드라마니 마하마 대통령의 국가민주회의당(NDC)이 148석을 차지하였으며 반면 야당인 신애국당(NPP)는 122석을 차지했다.

가나의 정치 불안은 고질적인 부패로 인한 경제 불황이 주요

인이었다. 독립 이후 가나 정부는 부패 척결을 위해 노력을 했으나 큰 효과가 없었다. 부패는 계속되었고 경제는 더 악화했다. 드라마니 마하마는 취임하자마자 2013년 부패 척결을 위해 장관과 공무원을 위한 윤리 강령을 발표했다. 그리고 2015년 12월, 20명의 판사와 약 100명의 법원 직원의 뇌물수수가 세상에 알려지자, 정부는 1심 판사와 치안판사 각 20명을 해임했다.

드라마니 마하마 정부의 경제 발전은 전적으로 석유 생산에서 시작되었다. 2007년에 발견된 주

주빌리 유전 © 위키피디아

빌리(Jubilee) 유전은 2010년 12월에 공식적으로 석유 생산을 시작했다. 일일 생산량은 55,000배럴이었지만, 2013년 일일 생산량은 100,000배럴에 도달했다. 반면 주요 외화 수입원인 금과 코코아의 가격은 2011년 이후 각각 약 30%와 15% 하락했다. 게다가, 원유 생산량은 처음 계획된 수준인 하루 12만 배럴에 도달하지 못했다. 기술적 문제로 인해 주빌리 유전의 운영이 중단되고 전력 공급이 불규칙하면서 광업 및 채석, 제조업, 건설, 식품 및 음료, 서비스 부문 등 전력에 의존하는 사업체의 성장이 침체하였다. 그 결과, 연간 경제성장률은 2011년 15%의 역대 최고 기록을 세운 후 2012년 7.9%로 하락한 뒤 2013년에는 5.4%로 더 떨어졌다.

2012년 8.8%였던 인플레이션은 2014년 17%로 상승했고,

세디도 폭락하여 2011년과 2014년 사이에 미국 달러에 대한 가치의 약 65%를 잃었다. 검은 황금은 약속되었던 포괄적 성장을 창출하지 못했다. GDP 대비 부채 비율이 2009년 50% 미만에서 약 70%로 급증했다. 정부는 2015년 IMF에 약 10억 달러의 대출을 요청해야 했다. 자연히 대출이자 비용이 점차 증가하면서 물, 전기, 교육 시설과 같은 사회적 편의 시설의 제공이 어려워졌다.

2016년 마하마 퇴임 대통령 선거지지
© jeune afrique

2016년 재선을 위해 드라마니 마하마 대통령은 경제 안정화, 학교 시설과 병원, 내륙 지역 도로의 증가 등의 업적을 내세워 국민의 지지를 호소했다. 반면, 신애국당(NPP)은 부패 증가, 실업률 상승, 높은 생활비, 통화 가치 하락, 부진한 에너지 산업을 무능한 정부의 결과로 규정하고, 이런 것들이 2,500만 명이 넘는 가나 국민의 운명을 앗아가고 있다고 맹렬히 비난했다.

특히 정전으로 '덤서'(Dumsor, 아칸어로 '켜고 끄기') 대통령이라는 별명이 붙었다. 덤서는 단순한 정전이 아닌 만성적인 정전을 의미했다. 결국 에너지 장관 콰베나 돈코르(Kwabena Donkor)는 책임지고 12월 31일에 사임했다. 2016년 말에 예정된 선거를 앞둔 정부에 영향을 미쳤다.

더불어 부패를 억제하는 것만큼 부패를 예방하는 것도 중요하다고 강조한 그는 부패 혐의가 있는 측근으로부터 종종 '잘못

된 조언을 받았다'는 평을 받기도 했다. 드라마니 마하마 정부는 임기 동안 여러 스캔들로 정치적 곤욕을 치렀다. 야당 일부에서는 대통령의 탄핵을 거론하기도 했다.

2016년에 1992년 다당제 민주주의로 복귀한 이후 3번째 권력 이양의 선거가 치열한 경쟁으로 시행되었다. 두 번째 임기에 도전한 드라마니 마하마(득표율 44.7%)는 신애국당(NPP) 후보 나나 아쿠포 아도(득표율 53.5%)에 패하여 단임으로 집권한 최초의 가나 대통령이 되었다. 헌법에서 용인한 연임이 결코 백지수표가 아님을 가나 국민은 보여주었다.

> 존 드라마니 마하마는 가나 북부 지역의 다문고(Damongo)에서 태어났다. 그는 20~30대 대부분을 학업에 주력했다. 모스크바에서도 공부했으며, 아크라에 있는 일본 대사관과 NGO Plan International에서 근무하기도 하였다.
> 마하마의 아버지, 에마누엘 아다마 마하마(Emmanuel Adama Mahama)는 국회의원이었으며, 나중에 독립의 아버지이자 범아프리카주의의 인물인 콰메 은크루마에 의해 북부 지역의 행정관으로 근무했다. 정치적 집안에서 훈육되고 성장한 마하마는 1996년 사바나지역에서 국회의원으로 선출되어 정계에 입문했으며, 제리 롤링스 정부에서 통신부 장관(1998~2001)을 역임했다. 2004년부터 2011년까지 남아공 프리토리아에 있는 범아프리카 의회의 의원으로 재직하였고, 서아프리카 의원 연합의 의장을 맡기도 했다.
> 그는 2008년 존 아타 밀스 정부의 부통령으로 선출되면서 본격적으로 국민에게 알려졌다. 그는 전임 대통령 아타 밀스와 마찬가지로 롤링스의 사람이었다. 2016년 두 번째 임기에 실패하여 1992년 이후 최초의 단임 대통령이 되었지만, 8년 후인 2024년 대통령에 당선되었다.

독립 이후 가나는 부패, 쿠데타 및 군부 통치, 정치적 혼란,

경제 불황 등으로 혼란한 격동의 시기를 맞았다. 이 혼란이 어느 정도 안정되는 데 수년이 걸렸다. 12년 동안 세 명의 다른 대통령이 민주 선거를 통해 가나 역사상 군부의 간섭 없이 이렇게 오랫동안 통치한 적은 없다. 가나의 민주주의는 대통령의 선거에서 나타난 시민의 자유로운 선택을 통해 권력을 이어가는 시민 정권이 자리 잡으면서 가능해졌다.

가나 연보

선사시대와 고대

연도	주요 사건
B.C 50,000	인간 거주 초기의 증거.
B.C 10,000	후기 석기 시대 킨탐포 문화 발전.
B.C 2,000	사바나 지역의 농업과 가축 사육 발전.
AD 1,000	제철 기술의 확산.

중세

연도	주요 사건
1450	최초의 중앙 집권 국가 탄생: 맘프루구, 다그보니, 나눔바.
1471	포르투갈인 가나 해안 도착.
1482	포르투갈의 상 조르지 다 미나(엘미나) 성 건설.
1500	아크와무 왕국 건설.
1515-26	포르투갈의 상 안토니오 요새와 상 세바스찬 요새 건설.
1598	네덜란드의 코멘다와 코르만실 요새 건설.
1600	아샨티 왕국 건설.
1637	네덜란드의 상 조르지 다 미나 성 정복
1665	영국의 케이프코스트 성 점령
1667	아칸 민족 아콰무 왕국의 대아크라 침략 및 파괴.
1670	아샨티헤네 오세이 투투의 제국 기초 마련.

1673	영국의 제임스 요새 건설.
1667	브레타 조약으로 영국의 네덜란드 교역소 획득.
1675	곤자 왕국 건설.
1685	독일의 프린세스타운 건설.
1700	아샨티 연합 형성.
1701	아샨티 제국의 덴키라 왕국 정복.
1709	독일의 철수(무역 부진).
1742	아샨티헤네 오포쿠 웨어의 아켐 왕국 정복.
1730-80	아샨티 제국의 곤자 왕국과 다그바니 왕국 정복.
1764-77	아샨티헤네 오세이 콰드워의 공직 관료화.

근대

연도	주요사건
1807-14	아샨티 제국의 3차례 해안 왕국 판테 침략.
1808	영국의 대서양 무역 폐지.
1817	아샨티 제국과 영국 간의 우호조약 체결.
1821	영국의 골드 코스트 정착지 행정 인수.
1823-31	1차 아샨티-영국 전쟁. 영국 총독 찰스 매카시 사망. 영국과 판테 왕국 및 지역 동맹군의 아샨티 격파. 아샨티 제국과 영국 간 평화 조약 체결.
1841	해안 요새와 정착지의 행정 조사.
1844	영국과 판테 왕국 간 본드 조약 체결.
1850	골드코스트 행정을 시에라리온 행정에서 완전 분리.
1853	해안 소유지에 대한 영국 대법원 설립 및 입법위원회 설치.

1863-64	2차 아샨티-영국 전쟁.
1865	케이프코스트의 왕 존 애그리 추방.
1868	영국 지배에 대항하는 판테 연합 결성.
1872	영국의 네덜란드 퇴출.
1873-74	3차 아샨티-영국 전쟁. 영국의 아샨티 수도 쿠마시 정복과 파괴. 프메나 조약 체결(아샨티의 배상금 지급). 해안의 정착지에 대한 정식 식민지화.
1877	골드코스트 식민지의 수도를 케이프코스트에서 아크라로 이전.
1879-90	영국 통치 지역 확대.
1883	원주민 관할 조례 통과.
1886	입법 위원회에 아프리카인 임명. 주지사 그린피스의 코코아 도입.
1894	토지법안 발표.
1895-96	아샨티-영국 4차 전쟁. 아샨티헤네 프렘페 1세의 시에라리온 추방.
1897	영국의 식민지 토지법안 반대를 위한 골드코스트원주민권리보호협회(ARPS) 결성

독립 이전 현대

연도	주요 사건
1900	5차 아샨티-영국 전쟁(일명 '황금의자 전쟁'). 아샨티 제국의 마지막 패배.
1901-2	아샨티 직할 식민지화로 병합과 북부 준주 보호령 실시.
1908	아바레와(Abarewa) 예배 금지.
1910	원주민 관할권 법안 통과.

1920	영국령서아프리카국민회의(NCBWA) 결성
1924	아샨티 지역 금광 노동자 파업. 세이셸에서 귀환한 프렘페 1세의 쿠마시추장 취임.
1929	서아프리카 항소 법원 설립.
1930	골드코스트청년회의(GCYC)결성.
1935	아샨티 연방 복원 및 프렘페 2세 아샨티헤네로 취임.
1946	골드코스트 신 헌법재정.
1947	코코아 마케팅 위원회 설립. 유나이티드골드코스트협회(UGCC) 결성.
1948	시위대에 대한 총격과 폭동으로 29명 사망 및 115명 부상. UGCC 정당 간부 체포. 골드코스트 대학 개교(현 가나대학교).
1949	은크루마의 인민회의당(CCP) 결성. 1948-50년 폭동 시위 주동 협의로 은크루마와 CPP 지도부 투옥.
1951	입법위원회의 골드코스트의회로 변경. 첫 골드코스트의회 선거에서 CPP 과반수 의석 차지. 은크루마 석방.
1952	은크루마의 첫 총리 취임. 아치모타기술대학교 설립. 가나의회당(GCP) 결성.
1953	아크라에서 최초 범아프리카 회의 개최.
1954	추장협의회를 통한 의원 선출 폐지. CCP에 반대하는 북부 중심의 무슬림협의당(MAP) 및 민족해방운동(NLM) 결성. CCP 골드코스트의회 104석 중 72석 차지.
1955	연방 정부를 옹호하기 위한 NLM과 다른 반 CPP 정당과 연

1956	합당(UP) 결성.
	전 독일령 토코랜드의 일부 가나에 편입.은쿠르마의 영연방 내에서의 독립 동의안 제출.
	독립 전 마지막 선거에서 CPP가 104석 중 71석 차지 승리.

독립 이후 현재

연도	주요 사건
1957	가나 독립(3월 6일).
	프렘페 2세의 왕권 회복.
1958	재판 없이 반대자를 구금하는 예방 구금법 및 추방법 통과.
1958	전 아프리카 인민 회의 개최(아크라).
1959	추장 특권 조항 폐지하는 법안 통과.
1960	내각책임제에서 대통령 중심제로 변경.
	은크루마의 첫 공화국 대통령 취임.
	신문과 기타 출판물에 대한 사전 검열제 도입.
1961	가나-기니-말리 연합 발표.
1962	은크루마 대통령의 첫 암살 시도 및 UGCC 지도자 구금.
1964	국민투표로 일당제 확립
1964	아코솜보 댐 건설 완료
1965	단일 후보 은크루마 대통령의 재선
1966	무혈 군 쿠데타로 은크루마 정부 전복.
	군부와 경찰의 국민해방위원회(NLC) 설치.
	안크라 전 중장 제 2대 대통령 취임(제2공화국)
1967	세디 화폐 평가절하
1968	'가나 기업령' 발표
1969	코피 부시아의 진보당(PP), 140석 중 105석을 차지하며

	제2공화국 총리로 선출. 전 대법원장 아쿠포-아도의 대통령 취임. 오부아시 금광 노동자 파업과 여러 명 사망. 아프리파 준장 쿠데타로 제3대 대통령에 취임 및 다당제 총선 실시.
1970	아쿠아포도 제 4대 대통령 취임
1971	국제 통화 기금(IMF)의 긴축 프로그램 수용.
1972	이그나티우스 아체암퐁 대령의 군사 쿠데타. 국가구원위원회(NRC) 결성 및 제5대 대통령 취임. 식량 '자립프로그램(OFY)' 시행. 망명 중인 전 대통령 은크루마 사망.
1975	NRC를 최고군사위원회(SMC)로 대체.
1976	가나 연방정부(UNIGOV) 추진.
1978	SMC 중간 간부들의 궁정 쿠데타로 아쳄퐁 사임. 크와시 아쿠포 6대 대통령 취임 SMC II 결성. 노동자 파업과 비상계엄 선포.
1979	정당 금지령 해제(27개 정당 결성). 공군 중위 제리 롤링스 쿠데타로 아쿠포 군정 전복 및 제7대 대통령 취임(제3공화국). 무장군대혁명위원회(AFRC)의 정부 장악. 아쿠포 처형.
1979	AFRC의 총선 실시 허용과 힐라 리만의 인민국민당(PNP) 승리. 힐라 리만 박사의 8대 대통령 취임(제3공화국). 화폐 세디 개혁.
1981	인플레이션 116%로 상승. 롤링스의 2차 쿠데타로 리만 문민정부 붕괴. 임시국방위원회(PNDC) 설립.

	의장 롤링스의 국가 장악 및 제 9대 대통령 취임.
1983	나이지리아의 가나인 100만 명의 국내 강제송환. 세디의 평가절하 및 국제통화기금(IMF)과 세계은행의 경제 긴축과 회생프로그램(ERP) 수용.
1984	임시국가국방위원회(PNDC)를 혁명위원회(CDR)로 대체. 준 군사기관 민방위기구(CDO) 창설.
1986	ERP II 도입 및 환율제도 자율화.
1988-89	새로운 지구 의회를 위한 선거 실시.
1992	새로운 민주적 헌법과 다당제 실시. 전 PNDC인 국가민주회의(NDC) 선거 승리. NDC 지도자 롤링스의 제 9대 대통령 취임(4공화국).
1993	반정부 단체와 친정부 단체 간의 충돌로 4명 사망, 수십 명 부상.
1995	쿠메 프레코('지금 당장 나를 죽여도 괜찮다') 반정부 시위로 5명 사망.
1996	롤링스의 재선 성공.
1997	부가가치세(VAT) 도입.
2000	신애국당(NPP)의 의회 선거 승리.
2001	2차 결선 투표에서 존 쿠푸오르의 제10대 대통령 당선.
2001	과다채무빈국(HIPC) 이니셔티브 가입.
2002	국가화해위원회(NRC) 설치.
2003	국민건강보험제도 도입.
2004	쿠푸오르 대통령의 재선 성공.
2005	부가가치세 15% 인상.
2009	존 아타 밀스의 제 11대 대통령 취임. 미국 대통령 오바마의 가나 방문. 주빌리 유전의 석유 생산 시작.
2010	가나 GDP 7.7% 달성.

2012	2000년 대선 지명 후보 아타 밀스 대통령 사망. 존 드라마니 마하마 제12대 대통령 취임.
2013	'윤리강령'발표.
2015	20명의 1심 판사와 20명의 치안판사, 부정부패 혐의로 해임.
2017	신애국당(NPP) 나나 아쿠포아도의 제13대 대통령 취임.

참고 문헌

Adekunle, Adeoye. 2003. *The History of Ghana: From Ashanti to Accra*, Independently published.

Ahlman, Jeffrey. 2003. *Ghana: A Political and Social History*. London: Bloomsbury Publishing PLC.

Asamoah, Obed Yao. 2014. *The Political History of Ghana (1950-2013)*. Bloomington: AuthorHouse UK.

Berry, LaVerle. *Ghana: a country study. Library of Congress*. Washington: Federal Research Division.

Cappelaere, Pierre. 2007. *Ghana: Les chemins de la démocratie*. Paris: L'Harmattan.

Chavagneux, Christian. 1997. *Ghana, une révolution de bon sens*. Paris: Karthala.

Coqeury-Vidrovitch, Catherine. 1984. *L'Afrique noire de 1800 à nos jours*. Paris: PUF.

Deveau, Jean-Michel. 2005. L'or et les esclaves : Histoire des forts du Ghana du XVIe au XVIIIe siècle. Paris: Karthala.

Edgerton, Robert B. 2002. *The Fall of the Asante*

Empire: The Hundred-Year War For Africa'S Gold Coast. New York: Free Press.

Gocking, Roger S. 2005. *The History of Ghana*. London: Greenwood.

Iliffe, John. Africains: *The History of a Continent*. Cambridge: Cambridge University Press: 이한규·강인환 역. 2002. 서울: 이산.

Konadu, Kwasi. 2016. *The Ghana Reader: History, Culture, Politics*. North Carolina: Duke University Press.

Manning, Stephen. 2001. *Britain at War With the Asante Nation 1823-1900: The White Man's Grave*. Philadelphia: Pen & Sword Military.

Moukoko Mbonjo, Pierre. 2019. *Ghana : la marche vers la démocratie*, Paris: L'Harmattan.

M'Bokolo, Elika. 2004. *Afrique noire: Histoire et civilisation*. Paris: Hatier·AUF.

Okwae Fening, Ken. 2006. *History of Kente cloth and its value addition through design integration with African wild silk for export market in Ghana*. Accra: University of Ghana.

Osafo, Bruno. 2022. *Cooperation and Conflict: A HIstory of The Judiciary in Ghana 1853-1966*. Accra: University of Cape

Coast.

Pescheux, Gérard. 2003. *Le Royaume Asante (Ghana) : Parenté - Pouvoir - Histoire : XVIIe-XXe siècles*. Paris: Karthala.

Prempeh, Agyeman. 2008. *The History of Ashanti Kings and the Whole Country Itself and Other Writings*. Oxford: Oxford University Press.

Reid, Richard J. 2012. *History of modern Africa : 1800 to the present. History of modern Africa : 1800 to the present*. Usually: Blackwell Pub; 2nd edition: 이석호역. 2013. 서울: 삼천리.

Rhonda, D. Crosman. 2011. *Art of kente: history, designs*. Colorado: University of Northern Colorado. 2011.

Simpson, Andrew. 2008. *Language and National Identity in Africa*. London: Oxford University Press: 김현권·김학수 역. 2016. 서울: 지식의 날개.

Toulabor, Comi-Molevo. 2003. *Le Ghana de J.J. Rawlings : Restauration de l'Etat et Renaissance du politique*. Paris: Karthala.

https://artofthemotherland.com/the-fante-people-of-ghana-history-society-and-cultural-heritage/(검색일: 2024.08.21.)

https://www.ghanaweb.com/GhanaHomePage/history/pre-colonial.php(검색일: 2024.08.21)

https://expliquant.com/quest-ce-que-la-tribu-fante/(검색일: 2024.08.21.)

https://ich.unesco.org/en/RL/craftsmanship-of-traditional-woven-textile-kente-02130(검색일: 2024.08.21.)

https://www.encyclopedia.com/history/encyclopedias-almanacs-transcripts-and-maps/aborigines-rights-protection-society(검색일: 2024.08.21)

https://www.africaguide.com/culture/tribes/ashanti.htm(검색일: 2024. 09.10)

https://www.trailblazertravelz.com/the-ashanti-people-of-ghana-west-africa/(검색일: 2024. 09.10)

https://magoe.fr/chapitre_2.php?idChapitre=326(검색일: 2024. 09.11)

https://www.ghanaweb.com/GhanaHomePage/history/ashanti.php(검색일: 2024. 09.11)

https://clintonwhitehouse3.archives.gov/Africa/ghana.html(검색일: 2024.09.11)

https://www.msingiafrikamagazine.com/2021/01/asanteman-the-asante-empire-of-ghana/(검색일: 2024.12.02.)

https://www.africaguide.com/culture/tribes/ashanti.htm(검색일: 2024.12.102)

https://histoire.ci/2019/05/17/yaa-asantewaa-reine-ashanti/(검색일: 2025.02.25)

https://oldnaija.wordpress.com/2015/07/26/the-national-congress-of-british-west-africa-ncbwa/(검색일: 2025.02.25)

https://www.lepoint.fr/afrique/ghana-les-moments-cles-depuis-l-independance-06-12-2020-2404422_3826.php(검색일: 2025.02.25.)

가나의 역사

초판인쇄 2025년 7월 11일
초판발행 2025년 7월 15일
지 은 이 이한규
펴 낸 이 홍명희
펴 낸 곳 아딘크라
주　　소 경기도 용인시 기흥구 탑실로 152
　　　　 대주피오레 2단지 202-1602
전　　화 031)201-5310
등록번호 2017.12. 제2017-000096호

ISBN 979-11-89453-34-3 93930

값 14,000원
ⓒ 2025